KB068502

내일부터
Project Manager가
되어야 한다

내
일
부
터

Project Manager가

되
어
야

한
다

저자 **정 재 헌**

"어떻게 프로젝트를 시작하고,
어떻게 해야 잘 마무리할 수 있는가"

공공정보화사업과 서비스를 준비하는 PM과 기업을 위한 프로젝트 실전전략

바른북스

내일부터 PM이
되어야 한다

#1. PM이 되어야 한다

갑자기 PM이 되어야 한다.

내가 원해서 PM이 된 경우보다 갑자기 조직의 필요에 의하여 통보
식으로 PM이 된 경우가 대부분일 것 같다.

힘든 도제수업을 거쳐서 "이제 너에게 더 이상 가르칠 것이 없으니
이만 PM이 되어라"라고 스승의 명으로 PM이 되는 경우에는 그나
마 큰 부담이 없겠지만 어느 순간 프로젝트를 수주했는데 네가 PM
이 되어서 이 프로젝트를 수행하라는 명을 상사에게서 받는다면
흔쾌히 PM직을 수락할 사람은 거의 없을 것이다.

하지만 목구멍이 포도청이라고 "울며 겨자 먹기"로 프로젝트에 투
입되어 악전고투 끝에 몸도 마음도 피폐해져 가면서 프로젝트를
수행 중인 PM을 주변에서 많이 봐왔다.

물론 프로젝트를 잘 마친다면 문제가 안 되겠지만 대다수의 초짜 PM들은 중간에 교체되는 아픔을 겪거나 프로젝트를 마무리한 후 적자에 대한 책임을 지고 다른 회사로 이직하는 경우가 다반사일 것이다. 다행히 프로젝트를 잘 마무리하였다 치더라도 하루 이틀 휴가를 보내고 다른 프로젝트로 투입되는 경우가 비일비재할 것이다.

이게 내가 걸어왔던 길이기도 하다.
프로젝트를 잘 수행하기 위하여 서점에 가서 프로젝트 관리 및 사업 관리책 그리고 PMI(Project Management Institute)와 관련된 책들을 구매하여 읽어보아도 도통 마음에 와닿지 않는다.
도대체 어떻게 하여야 프로젝트를 잘 끝낼 수 있는 것일까?

#2. 어떻게 시작할 것인가? 제안PM이 되어라

이왕 프로젝트의 PM이 될 것 같으면 가장 좋은 방법은 제안팀에 합류하여 제안PM부터 시작하는 것이다.
일반적으로 프로젝트를 시작하기 전에 발주 금액에 따라 다르겠지만 사전영업 기간이 있을 것이고 그 기간 안에 공공의 경우 고객이 작성한 과업내역서 또는 제안요청서(RFP-Request For Proposal)를 그리고 사기업인 경우 제안요청서 작성을 위한 RFI(Request For Information)를 가지고 다양한 영업지원 문서와 제안서를 작성하는 사전작업을 한다.

그리고 그 문서를 가지고 고객과 몇 차례의 미팅을 할 수 있을 것이며 그 과정을 거쳐 회사 내 그 프로젝트의 수주를 위하여 제안팀이 꾸려질 것이다. 프로젝트에 아무런 사전정보 없이 특공대식으로 투입되는 것보다 제안 작업을 거치고 제안팀과의 협업을 통하여 기본적인 프로젝트의 목표와 고객 성향 등을 파악하여 프로젝트에 참여하는 것이 프로젝트를 성공적으로 끝마칠 수 있는 첫걸음이다.

#3. 어떤 역량이 필요한가?

공공프로젝트와 사기업 프로젝트 그리고 금융 프로젝트 등 프로젝트의 성격은 다르지만 모두 사람이 하는 일이다.

우선 공공의 경우에는 제안PM, 즉 고객 앞에서 제안서를 가지고 PT를 한 사람이 끝까지 프로젝트를 책임져야 하지만 민간이나 기타 프로젝트는 꼭 그렇지는 않다.

우선 공공을 중심으로 서술하면 다음과 같은 기본지식이 필요하다. 가장 중요한 것은 공공프로젝트를 수행하여 본 경험이 있느냐일 것이다. 공공은 기본적인 사업관리 프로세스가 있으며 그 일정에 맞추어서 형식화된 문서를 제출하여야 한다. 일반적으로 수주 후 인력에 대한 증빙, 과업수행계획서의 제출 그리고 착수보고 등의 업무들이 규정된 날짜 안에 어김없이 진행이 되어져야 한다.

두 번째로 프로젝트와 관련된 업무를 경험해 봤는지 여부다. 거의 모든 발주 프로젝트들이 전문성을 띠게 되어 있으며 고객 또한 그 업무의 전문가들인 경우가 많다. 그 업무를 해본 경험이 없다면 길을 걷는 데 앞이 안 보이는 경우와 같을 것이다. 이런 경우 고객에 의하여 PM 교체 요구를 받는 경우도 종종 있다.

세 번째로 기본적인 문서작성 능력이다. 고객과 첫 대면을 하면 각종 문서작성 등의 행정처리 업무와 문서작성 능력으로 우선 PM의 역량이 판단되어질 것이다. 프로젝트 수행과 별도로 이 역량은 프로젝트가 끝날 때까지 중요한 평가요건으로 자리매김 지어질 것이다.

네 번째로 프레젠테이션 능력일 것이다. PM은 기본적으로 최소 3번 이상 공식적으로 PT를 하여야 한다. 제안PT, 착수보고 그리고 중간보고 그리고 완료보고이다. 본인이 PT 능력이 떨어진다면 능력을 키우든가 아니면 이 일을 그만두기를 바란다. 실제 주변에서 훌륭한 업무능력을 가지고 있음에도 프레젠테이션 능력이 안되어서 PM을 하지 못하는 사람들을 많이 봐왔다. PT를 해본 사람들은 알겠지만 그 스트레스가 상당하다.

Prologue

이 책은 20억 규모 이하의 공공프로젝트를 수행하는 PM과 기업의 서비스를 개발하는 PO를 위하여 저자의 개인적인 경험을 바탕으로 작성되었고, 공공정보화사업을 준비 중인 많은 회사에 도움이 될만한 내용으로 프로젝트 수행 중 이슈와 리스크가 있을 때마다 그 업무들을 해결해 나가면서 정리된 내용을 바탕으로 책을 출간하게 되었다.

지금도 현장에서 프로젝트를 수행 중인 수많은 PM과 PO들의 건투를 빌며, 이 책을 통하여 그들의 프로젝트가 조금은 수월하게 마무리될 수 있기를 기원한다.

Contents

Contents

Contents

| IX 추천서적

JE
M

생텍쥐페리
—
"계획 없는 목표는 그저 꿈에 불과하다."

PRO
CT
ANA
GER

I.

프로젝트란
무엇인가

—— 내일부터 PM이 ——
되어야 한다

공공사업과 사기업의
차이는 무엇인가?

공공의 프로젝트와 사기업의 프로젝트는 '개발한다'라는 명제는 같
지만 실질적으로 들어가면 많은 부분에서 차이가 있다. 자체 개발하는
경우와 외주로 개발하는 경우 등 여러 경우의 수가 있겠지만 평이한
수준에서 몇 가지만 짚어보면 다음과 같다.

Project Manager(PM)나 Product Owner(PO)의 관리하에 요구사항
의 분석을 거쳐 기획과 설계를 하고 다양한 이슈(해결해야 하는 업무)와 리
스크(관리해서 이슈가 안 되게 하는 업무)를 해결해 나가면서, 최종적으로 고
객이 원하는 결과물을 어떻게 구현할지에 대한 의사결정과 매니징이
PM의 주요업무이다.

공공의 관점을 먼저 보면 예를 들면 고객의 요구사항과 벤치마킹을
통하여 다양한 형식의 홈페이지 시안을 3개를 만드는 데까지가 한 단

계이고 그 시안 중 하나를 의사결정 하는 게 두 번째다. 이 의사결정을 "베이스라인을 넘어선다"라고 하고 표현한다. 웬만하면 번복되면 안 된다. 그러나 이게 번복되는 게 변경이고 공공은 변경관리를 통해 변화되는 과업의 내용을 추적하고 관리한다. 과도한 변경은 프로젝트가 망가지는 지름길이다.

그러나 사기업의 Product Owner(PO) 입장에서 변경은 필연적이다. 그리고 과도한 산출물작업을 조금 피해갈 수 있다. 일단 주요 기능들이 정의되면 디테일한 부분들은 구현 때 정의하고 어느 정도 기능 정의가 되면 바로 개발에 들어가고 내부 테스트 후 바로 출시하고 시장 반응을 본 후 또 개선하고 또 개선한다.

공공은 사업의 목적을 충족할 수 있는 기획안을 가지고 부여된 예산 또는 자산을 최대한 활용하여 리소스 범위 안에서 그리고 납기 안에 프로젝트를 종료하면 되고 사기업은 회사의 목적, 즉 이윤추구를 주요목적으로 한정된 자원을 가지고 최대한 높은 퍼포먼스를 내야 한다. 제품 개발 후 고객 반응을 지속적으로 살펴보고 수시로 제품을 개선한다고 보면 된다.

공공은 제품 개발 후 인수인계 과정을 거쳐서 이관 후에 대부분 철수를 하지만 사기업은 본인이 개발한 소스를 개발자 본인이 수정하여 하니 어느 정도 유지보수 용이성 등을 확보하여야 한다.
이상과 같이 프로세스 관점에서는 공공과 사기업은 명확한 차이를 보인다.

공공의 관점은 요구사항 정의 → 분석 → 설계 → 구현 → 테스트 → 이관이 한 프로세스이고 두 번째 단계로는 운영 및 유지보수를 둘 수 있고 철저하게 베이스라인(업무범위와 변경)을 관리한다.

그러나 사기업 또는 서비스개발은 간단하게 기획 → 구현 → 테스트를 반복적으로 수행한다.

공공은 한정된 자원과 납기를 가지고 프로젝트를 수행하지만 사기업에 개발기간은 곧 비용이고 최대한 짧은 시간에 원하는 제품을 출시하여야 하고 또 고객의 변경사항을 적극적으로 수행하여 시장에 재배포하여야 한다. PO는 이 부분을 적극 관리하는 역할이다.

다양한 관점에서 차이점도 있지만 공통적인 요소들도 있다. 즉 품질요소와 테스트 그리고 보안이다. 이 세 가지 요소는 공공 및 사기업 모두 정말 중요한 요소로 관리 감독된다.

품질은 계획과 보증과 통제로 관리되고 계획과 보증을 담당하는 조직과 통제 및 관리하는 조직을 따로 두어야 한다. 품질의 기준은 '고객의 눈높이'이고 품질의 지표는 '고객의 만족도'이다.

테스트는 단위테스트, 통합테스트 외에 거의 모든 개발 공정마다 테스트를 수행하여야 하고 테스트는 별도 조직이 수행하는 걸 권장한다.

보안은 법의 테두리 안의 보안과 외부의 많은 위해요소로부터 시스템과 서비스를 보호하는 역할로 PM과 PO와 긴밀하게 소통이 되어야 한다.

제목 : 소프트웨어사업 요구사항 분석 · 적용 가이드(2021)

제공 : 과학기술정보통신부, 정보통신산업진흥원(nipa)

출처 : SW산업정보종합시스템(www.swit.or.kr) 〈 정보센터 〈 SW제

　　　　도자료실

본문 중에서…

"소프트웨어사업 요구사항 분석 · 적용 가이드"(이하 '가이드'라 한

다)는 「소프트웨어 진흥법」 제44조제1항, 제2항에 의거 소프트웨어

사업의 요구사항을 분석 · 적용할 수 있는 기준에 따라, 요구사항을

상세히 분석하여 소프트웨어사업을 추진하는 데 적용할 수 있도록

세부사항을 정하고 이를 적용함에 있어 이해를 돕는 데 그 목적이

있다. 보다 실무적인 내용을 정의하고 적용하기 위해서는 "요구사

항 상세화 실무 가이드"를 참조한다.

본 가이드는 소프트웨어사업 기획 시 불명확한 요구사항으로 인

해 사업부실과 품질저하 문제가 지속적으로 제기되는 현실을 고

려하여, 사업추진 준비단계부터 이해관계자들을 사전에 파악하

여 사업의 범위와 요구사항을 명확하게 도출하고자 마련하였

다. 이를 바탕으로 상세화된 요구사항을 제안요청서에 명시함으

로써 효과적인 사업수행에 이바지하고자, 각 사업 유형별로 사업

추진 준비단계부터 사업이행 및 관리단계까지 단계별로 세부 절

차와 예시 등을 제시하였으며 "요구사항 상세화 실무 가이드"
를 활용하여 발주 현장에서 실무적용이 용이하도록 제작하였다.

—— 내일부터 PM이 ——
되어야 한다

프로젝트란 무엇인가?

프로젝트란 무엇인가? 사실 우리가 회사에서 하는 거의 모든 업무가 다 프로젝트다.

프로젝트의 목표는 무엇인가? 고객은 올바른 SW 또는 시스템 또는 서비스를 만드는 것이고 을은 SW 및 시스템 또는 서비스를 올바른 방법으로 제대로 만들어야 (구현)된다.[1] 말장난 같지만 둘 다 중요하다는 이야기다.

그럼 프로젝트의 정의는 무엇인가. 프로젝트 매니지먼트 협회(PMI, Project Management Institute)의 PMBOK 6th의 정의에 따르면 시작과 끝이 있는 한시성과 고유성 그리고 점진적인 상세화를 들 수 있다. 즉 뚜

——

1 《Specification by example》, 고코 아지치 저, p33 참조

렷한 목적을 달성하기 위하여 한정된 기간 내에 제한된 자원을 가지고 최적화 된 비용으로 완수하고자 하는 과제를 프로젝트라고 한다.

더 쉽게 이야기하면 우리가 하는 모든 일이 프로젝트라고 생각하면 된다. 물론 여기에서는 지속적인 진행과 비슷한 일이 반복되는 과정을 운영이라고 하는데 이 글에서는 둘 다를 프로젝트로 보고 정의하겠다.

자료를 살펴보면 2021년 공공IT 예산 3조 6557억 중 20억 미만 사업이 96%이다. 대략 따져보면 2,000~3,000개의 프로젝트들이 매년 공공에서 일어나고 있는 것이다. 민간의 서비스까지 따진다면 수만 개의 프로젝트가 진행되고 있다고 봐도 무방할 것이다. 최소한 현재 프로젝트 PM을 하고 있는 사람이 수 천 명 이상은 되겠다. 나 혼자 이 고생을 하는 게 아니라는 생각에 조금 위안은 된다.

그러면 프로젝트의 성공확률은 어떻게 될까? 그리고 어떤 프로젝트를 성공한 프로젝트라고 할 수 있을까?
각종 보고서와 주변에 돌아가는 프로젝트 그리고 내가 경험해 본 프로젝트를 종합해 보면 아마도 프로젝트의 성공률은 개인적인 시각 차이가 있겠지만 평균적으로 30% 이하일 것 같다. 특히 사업기간이 길수록 성공확률은 떨어지고 사업금액이 크면 클수록 성공률은 더 떨어진다. 냉정하게 차세대 사업 중에 제대로 끝난 사업이 몇이나 있을까?

여러분들이 지금 이 시간 프로젝트에 투입되어 있다면 프로젝트 자체를 힘들다고 생각하면 한없이 힘든 일이다. 그러나 즐기면서 하면 또 나름의 재미도 있다. 이왕 프로젝트를 하게 된다면 가장 먼저 즐기면서 재미있게 프로젝트를 할 수 있는 방법부터 찾기를 바란다.

어떤 프로젝트가
성공한 프로젝트인가?

과연 어떤 프로젝트가 성공한 프로젝트인가?

프로젝트의 종료단계에서 가장 중요한 성공과 실패를 가름하는 요소로는 납기와 손익과 품질 이 3요소를 들 수 있다. 납기와 손익은 명확한데 품질은 무엇을 품질이라고 할까. 품질의 정의는 다음과 같다. "소프트웨어 제품의 능력으로 소프트웨어가 명시된 조건하에서 사용될 때 외부로 나타나거나 내재된 필요를 충족시킬 수 있는 능력(ISO/IEC 25000)"으로 정의된다. 말이 어려운데 다른 정의를 보자 PMBOK 4th에서는 "프로젝트 수행조직에서 프로젝트가 요구사항을 충족할 수 있도록 품질정책, 품질목표, 품질책임 사항을 결정하는 프로세스 및 활동들을 포함하며, 프로젝트 전체 기간에 적절히 수행된 지속적인 프로세스 개선활동과 더불어 정책 및 절차를 통해 품질관리를 수행함. 이를 위해 품질계획(QP) 수립, 품질보증(QA) 수행, 품질통제(QC) 수행의 세 가지 프로세스를 지속적으로 수행하며, 이 프로세스들은 서로 간에는 물론이고 나머지 프로젝트 영역의 프로세스들과도 상호작용을 함. 또한 고객만족과 검사보다 예방 우선, 지속적 개선, 관리책임을 강조하고 있으며 프로젝트 관리영역(통합관리, 범위, 일정, 원가, 인력, 의사소통, 리스크, 조달 등) 및 표준을 보완한다."라고 명시되어 있다.

다시 반복하면, "고객은 올바른 SW 또는 시스템 또는 서비스를 만드는 것이고 을은 SW 및 시스템 또는 서비스를 올바른 방법으로 제대로 만들어야 된다."[2]

즉 정리하면 프로젝트의 목표를 충족시키는 것을 올바름의 관점에서 보면 품질이라고 할 수 있겠다.

납기와 품질은 양날의 검이다. 납기를 위해서 결코 품질을 포기해선 안 되고, 품질의 기준은 '고객의 눈높이'이고 품질의 지표는 '고객의 만족도'이다.

프로젝트의 성공은 프로젝트 종료 이후에 규정되면 안 되고 반드시 프로젝트 시작단계에서 프로젝트 성공에 대한 목표가 설정되어져야 한다.

---

2 《Specification by example》, 고코 아지치 저, p33 참조

어떤 프로젝트가
실패할 프로젝트인가?

대부분 통계나 각종 관련 서적을 살펴보면 프로젝트의 성공률을 20~30%로 보고 저자 또한 실제 프로젝트 성공률을 30%로 본다. 그럼 어떠한 프로젝트가 실패한 프로젝트인지를 규정하는 것은 쉽지 않고 역시 프로젝트 초기에 성공과 실패를 사전에 규정하여야 식별이 가능하다.

그럼 실패할 수밖에 없는 프로젝트는 어떤 프로젝트인가?

우선 몇 가지를 정리해 보면 아래와 같다. 프로젝트 수주를 위하여 기존 업무범위를 분석한 제안PM이 프로젝트에서 빠지고 새롭게 수행 PM이 들어가는 경우이다. 그리고 회사의 개발인력이 프로젝트에 투입되는 것이 아니라 외부의 프리랜서들로 팀을 구성해서 프로젝트에 투입하는 것이 첫 번째 실패요인으로 들 수 있다. 프로젝트 초기에 정말 많은 부분들을 준비하고 정리하여야 하는데 처음 손발을 맞추는 사람들과는 팀워크부터 업무내용에 대한 분석까지 PM 입장에선 두 가지를 동시에 다시 세팅하여야 하는 이중고에 봉착하게 된다.

두 번째로 회사에서 전폭적인 지원을 받지 못하는 경우다. 이 경우 경영층의 많은 지원의 부재와 프로젝트를 위해 차출된 내부인력의 사기저하 등 많은 부분에 있어서 초기부터 기운 빠진 상태에서 프로젝트를 진행하게 된다. 프로젝트는 결과적으로 PM이 책임지는 게 아니라 회사와 대표가 책임지는 것이고 그 피해는 고스란히 회사가 입게 된다는 것을 다시 한번 명심하기 바란다.

세 번째로 고객이 발주한 사업에 대한 투입인력의 경험이 전무한 경우이다. 공공의 업무 또는 제품이나 서비스개발은 유사한 분야가 많고 또 업무가 정형화되어 있어서 관련 개발이나 유사사업수행 경험이 있는 인력이 꼭 필요하다. 프로젝트 결국 사람이 하는 일이고 관련되어 경험이 풍부한 개발자나 기획자가 프로젝트에 투입된다면 한결 수월하게 프로젝트의 첫 시작을 할 수 있을 것이다.

네 번째로 신입들만, 즉 초급인력만 프로젝트에 투입하는 것이다. 이 경우가 가장 최악이다. 프로젝트란 고도의 협업이 필요하고 그 협업에는 각 분야별로 리더가 있고 리더의 지시하에 일사불란하게 각자 맡은 임무에 충실하여야 하는데 경험이 별로 없는 신입만으로 프로젝트를 수행한다 하면 복합적으로 다양한 문제점들이 발생할 것이다. 그리고 그 결과물은 아마도 최악일 것이고 대부분 이런 경우 고객에 의하여 클레임이 걸려 팀이 중간에 해체되거나 인력이 교체되는 다음 수순을 밟게 될 것이다.

다섯 번째 검증되지 않는 PM 또는 외부의 계약직 PM을 뽑아서 프로젝트에 투입하는 것이다. 이런 경우 프로젝트는 정말 힘들고 어려워진다. PM은 개인적인 희생을 할 수밖에 없고 또 여러 이유가 있지만 회사에 대한 로열티와 개인적인 책임감으로 '회사를 대표한다'라는 사명의식으로 힘든 프로젝트를 끝까지 완수하는 경우가 많다. 그러나 솔직하게 계약직 PM에게 이러한 부분을 바라면 안 되고 물론 좋은 계약직 또는 프리랜서 PM을 만날 수도 있다. 그러나 이런 중요한 결정을 운에 맡겨서는 안 된다고 본다.

JE

M

생텍쥐페리
—
"단, 한 사람이라도 돌무더기를 보고 큰 성당을 떠올리게 된다면,
그 돌무더기는 더 이상 돌무더기가 아니다."

II.

프로젝트
준비

—— 내일부터 PM이 ——
되어야 한다

사전 준비하기

프로젝트 진행에 있어서 많은 상황들이 있겠지만 수주 실패 후 "제안서를 못 써서 수주에 실패했다"라는 영업대표의 보고만큼 PM의 입장에서 짜증 나는 경우는 없다. 같은 경우지만 PO가 구현을 못해서 '서비스가 실패했다'도 똑같이 억울할 것이다. 그리고 수주 실패 후 본사에 들어가서 팀장과 임원 그리고 팀원들의 눈길은 '제안PM이 제안서를 못 써서 또는 PT를 못해서 떨어졌다'라는 매서운 레이저를 보낸다. 정말 곤혹스러운 순간이다.

프로젝트에 참여하기 위하여 사전영업은 실질적인 프로젝트의 첫 단추이다. 이 자리에서 고객은 그 회사의 능력과 PM의 역량을 판단할 것이고 실제 고객의 눈에 들지 못한다면 PM은 교체되거나 사업 제안 이후 실패할 확률이 아주 높다. 물론 영업대표의 영업력에 따라서 판도가 달라지기도 하지만 대부분 공공의 경우 나라장터에 떠 있는 사전 규격을 가지고 고객과 미팅을 한다라는 순진한 생각을 가지고 있는 분이 계시다면 별수 없지만 공공의 경우 과업내역서와 제안요청서 외에 발주근거를 위한 기능점수 설계를 비롯한 예산을 받기 위한 각종 문서들이 필요한데 발주자의 입장에서 특수한 분야 및 전문적인 분야의 경우 해당 분야의 전문업체들 특히 솔루션 개발사 및 벤더의 도움을 받을 수밖에 없다. 그러나 요즘은 이런 폐단을 개선하기 위하여 실제 과업내역서 및 제안요청서 등의 핵심문서들은 고객이 직접 작성하는 경우가 많지만 부수적인 기능점수 산정이나 인프라의 설계 및 최적화된 솔루션의 선정 등은 아직은 발주자가 작성하기에는 어려움이 많아 별도의 컨설팅 용역 및 BMT와 원가검증 등의 작업을 대행하기 위한 정보시스템마스터플랜(ISMP, Information System Master Plan)을 통하여 해결하는 경우가 많아졌다.

일반 사기업의 서비스 구현이나 금융은 고객이 프로젝트에 필요한 정보수집을 위한 요청서(RFI : Request For Information)를 해당 프로젝트와 연관이 있는 일부 업체에 발송하여 그 내용을 취합하여 최선의 안을 가지고 제안요청서(RFP, Request For Proposal)를 만드는 경우가 많다.

고객으로부터 받은 다양한 제안요청을 받게 되고 얼마나 충실하게 그리고 내실 있게 그 내용을 기입하느냐에 따라서 본 사업에 참여를 할지 말지를 결정하는 회사 내부의 중요한 판단 근거가 된다. 그 판단 근거는 내가 고객에게 제안한 내용이 RFP에 반영이 되었는지 안 되었는지를 보면 알 수 있고 회사는 그 비중을 가지고 이 사업에 참여할지 여부를 판단하게 된다. 왜냐하면 회사의 입장에서는 제안팀을 꾸리는 것 자체가 비용 투자이기 때문이다.

 고객으로부터 제안요청을 받는 경우, 이때 몇 가지 참고할 부분은 다음과 같다.

 첫째, 문서 형식은 그 기관의 문서 형식으로 작성한다. 특히 한글과 엑셀을 사용하여 제출한다. PPT를 PDF로 변환하여 제출한다거나 엑셀에 수식을 제거하고 제출하는 것은 지양하기 바란다.

 둘째, 신규 사업인 경우 프로젝트의 성격과 예산 규모에 맞추어 나라장터에서 최근에 나온 유사사업을 벤치마킹한다.

 셋째, 기존 사업인 경우 과거 발주된 RFP를 찾아서 참고한다.

 넷째, 사전에 수행된 컨설팅이나 ISP 사업이 있다면 그 결과 산출물을 참고한다.

 다섯째, 자료는 최대한 빨리 제공해 준다. 왜냐하면 이 숙제는 나 혼자 하는 게 아니라 여러 업체에서 동일한 숙제를 하고 있을 것이다. 먼저 제출된 숙제를 당연히 먼저 보게 된다. 나중에 주는 숙제는 상대적으로 안 볼 확률이 높다.

여섯째, 한글문서 외에 고객을 이해시킬 수 있는 별도의 설명문서를 만들어라. 왜냐하면 고객은 자신의 상사에게 본 과업에 대한 내용을 설명할 것이다. 상사 또한 예산 및 기획부서에 본 과업에 대하여 설명할 것이다.

일곱째, 프로젝트와 관련된 정부 정책이나 그 기관의 보도자료 또는 상급기관의 각종 자료를 찾아서 참고한다. 이럴 때 보도자료는 상당히 큰 도움이 된다.

이러한 일련의 과정들은 본 사업 발주 후 제안 작업에 큰 도움이 되고 이때 쌓여진 고객과의 신뢰는 프로젝트 내내 지속된다. 마지막으로 회사 입장에서 도움이 안 되는 프로젝트면 과감히 포기해야 한다. 특히 고객과 잘 소통이 안되거나 무리한 요구를 한다면 그 역시 과감하게 사업을 포기하는 것이 바람직하다.

—— 내일부터 PM이 ——
되어야 한다

회사 차원의 준비

우선 실제 프로젝트를 수행하기 전에 먼저 기업은 수주를 하여야 하고 수주 이후에 프로젝트가 시작된다.

기업 입장에서 공공정보화사업에 참여하기 위하여서는 사전에 많은 부분들이 준비가 되어 있어야 한다. 그리고 수주를 위하여서는 더 많은 노력이 깃들어 있어야 한다.

첫째, 막연히 돈을 벌기 위하여 공공프로젝트에 참여한다. 결코 해서는 안 될 일이다. 만약 자사 서비스의 검증과 확산을 위하여 공공정보화사업 중 유사한 사업에 뛰어들어서 제품 또는 서비스의 성숙도를 높이고 레퍼런스를 확보하려는 차원이라면 이해가 가지만 단지 돈을 벌고 직원들 급여를 주기 위하여 SI를 한다라는 것은 정말 해서는 안 되는 일이다.

둘째, 길고 많은 노력을 해야 한다. SI 영업의 시작은 나라장터 국가종합전자조달(www.g2b.go.kr)에 게시되는 사전공고에서부터 시작되는 게 아니라 전년도의 예산작업부터 시작이 되어야 한다. 사전에 고객영업과 프리컨설팅 등의 다양한 활동을 통하여 전년도 봄에 이루어지는 예산작업에 이미 반영이 되어야 그다음 해 발주를 통해서 나라장터에 공고가 되는 것이다. 그렇게 따지면 나라장터에 나오는 거의 모든 사업들은 그 전전년도부터 영업 또는 마케팅이 시작된 사업들이라고 봐도 무방하다. 이 시간 동안 고객과의 수많은 커뮤니케이션이 있어야 하고 수많은 업무 협업이 있어야지 거의 2년 후에야 예산을 받아서 사업이 나오는 것이다.

세 번째, 공공입찰에 참여하기 위하여서는 우선 회사신용도가 뒷받침이 되어져야 한다. 정부조달은 대부분 정량적 평가, 즉 회사의 신용도와 실적점수를 매기고 정성평가로 PM의 발표를 가지고 평가하는 방식이다. 대분분 공공입찰에 참여하는 기업들은 기본 신용점수가 높다고 보면 된다. 만약 참여기업의 신용도가 낮다면 거의 수주할 확률이 없다고 보면 된다.

네 번째, SI에 맞는 프로세스와 가용 가능한 리소스와 일부 자본력이 있어야 한다. 공공정보화사업은 어떻게 보면 사람이 직접 들어가서 개발하는 인건비 기반의 사업이다. 아무리 상주가 아니라 비상주라고 해도 최소한의 인력은 그 프로젝트에 투입이 되어져야 한다. 그리고 공공사업의 매력은 우선 70% 정도의 선급을 받는다. 그러나 나머지 30%는 개발 준공 이후에 받게 된다. 이 선금을 다 소진하고 나머지 준공금을 받기까지 직원들의 급여가 마련되어져 있어야 공공프로젝트를 할 수 있다.

다섯 번째, 참여기업에 독보적인 서비스 제품이 있다면 모를까. 1번에 공공사업을 직접 수주한다는 것은 하늘의 별 따기다. 공공사업에 진입하는 절차는 우선 신뢰를 갖춘 기업의 하도로 시작에서 관련된 개발역량을 키우고 두 번째로 비율이 낮은 컨소시엄으로 들어가 노하우를 키우고 그 이후에 직접 공공사업을 공략하는 절차를 꼭 지키면서 사업을 준비하길 당부한다.

섣부르게 아무 준비 없이 SI에 뛰어들다가 낭패를 보거나 한두 번의 프로젝트에 실패하여 폐업한 회사들을 많이 봐 왔다. SI를 준비하는 대표의 입장에선 정말 신중하게 많은 준비를 한 이후에 이 시장에 접근하여야 한다.

제목 : 정보시스템 운영관리지침

제공 : 한국전산원(현 한국지능정보시회진흥원)

출처 : 검색포털 활용하여 검색

본문 중에서…

정보시스템 운영관리를 위한 지침은 본 개요서를 포함하여 총 12
종으로 구성되어 있다. 이 중, '정보시스템 운영관리지침 개요서'와
'정보시스템 운영관리지침'은 전체 지침을 포괄하는 상위 수준의 지
침이며, 나머지 '정보시스템 구성 및 변경관리지침' 등 10종의 지침
은 '정보시스템 운영관리지침'에서 정의한 10대 관리요소에 대한
내역 및 절차에 대해 기술한 세부 지침으로 볼 수 있다.

따라서 본 지침의 독자들은 지침의 전반적인 내용을 파악하기 위해
서 '정보시스템 운영관리지침 개요서'와 '정보시스템 운영관리지침'
을 참조할 수 있고, 구체적인 세부 절차와 방법을 위해서 관리요소
별 세부 지침을 참조할 수 있다.

> 1. 정보시스템 구성 및 변경관리지침
>
> 2. 정보시스템 운영 상태관리지침
>
> 3. 정보시스템 성능관리지침
>
> 4. 정보시스템 장애관리지침

5. 정보시스템 재해복구지침

6. 정보시스템 백업지침

7. 서비스데스크 운영관리지침

8. 전산실 관리지침

9. 정보시스템 운영 아웃소싱 관리지침

10. SLA를 강화한 정보시스템 운영계약 참조모델

JEO
M

생텍쥐페리
—
"완벽은 무엇인가. 더 추가할 게 없는 것이 아니라.
무엇인가 더 이상 제거할 것이 없는 것으로 이루어진다."

Ⅲ.

PM 중심의
제안서 작성

제안서 작성하기

이제 모든 준비가 끝났고 제안 작업에 들어간다.

　과거에는 사업을 주관하는 업체(일명 마더업체)에서 제안룸을 세팅하고 그 사업에 참여하는 컨소시엄업체나 협력업체들이 개발하는 파트를 마더업체의 제안룸에 모여서 작성을 하곤 했다. 대기업 SI 같은 경우에는 협력업체들을 각각 골방에 몰아넣고 업체들이 전체 그림을 조망하지 못하게 꼼수를 펴곤 했지만 최근 들어서는 특별한 경우를 제외하고는 제안서의 마스터 페이지만 공유해서 원격으로 협력업체의 제안 파트만 제안서를 받곤 한다. 과거에는 제안서의 작성 분량이 300p가 기본이었지만 요즘은 50p 분량이 거의 대부분인 것 같다.

　분명 제안 작업은 참여인력들의 온 신경을 집중하게 되는 작업이고 꼭 수주하여야 한다는 중압감 그리고 제안서 작성기간 내내 야근 및 철야를 해야 한다는 체력적 부담감 그리고 사업 외 부서의 잦은 간섭 특히 영업대표와의 트러블 그리고 기타 여러 이해당사자들의 부탁들로 막판에 가면 갈수록 신경이 날카로워질 수밖에 없는 상황으로 흘러간다.

일반적으로 제안서를 쓰게 되는 경우 꼭 제안서를 제출하는 것은 아니다. 회사의 입장에서 처음 사업성을 검토하고 그 사업에 참여를 하겠다라고 의사결정을 한 순간부터 원가가 반영이 된다. 즉 그때부터 인력을 차출해서 제안서를 작성해야 하니 그 제안인력의 인건비를 계산해야 하는 것이다. 그래서 제안서를 쓸지 말지에 대한 의사결정이 필요하고 제안서를 쓰는 와중에도 이 제안서를 제출할지 말지에 대한 의사결정 과정을 거쳐야 한다.

두 번째 원가분석 및 경쟁사 분석을 통해서 수주할 가능성이 없다고 판단이 서면 회사는 바로 제안팀을 해체해야 한다. 괜히 경험상 제안서를 쓰고 경험상 PT를 해보자라고 대표나 임원이 결정을 하면 밑에서 제안서를 쓰는 팀원이나 PM 입장에선 무척 김빠지는 일이다.

제안서의 구성은 크게 본제안서와 요약본 그리고 PT본과 별첨자료로 구성이 되며 요즘은 거의 대부분 제안팀에서 작성한 제안서를 별도의 디자인팀이 한 번 더 디자인 작업(GD, Graphic Design)을 거쳐서 제출한다. 이 GD 작업은 일반적인 디자이너들이 하는 작업은 아니고 전문적으로 제안서의 GD 작업만 하는 회사나 프리랜서들이 있다.

제안서를 쓸 때 가장 중요한 점은 다음의 몇 가지로 들 수 있다.

첫째, 제안서는 계약문서에 포함된다. RFP, 과업수행계획서 그리고 제안서 순으로 중요도를 두며 제안서에 작성된 내용은 필히 과업수행기간 동안에 구축 및 개발이 되어야 한다. 즉 실제 구현이 어렵거나 원가를 오버하는 경우에는 절대 제안서에 그 내용을 반영하여서는 안 된다.

둘째, 제안서는 철저하게 고객이 요구하는 규격에 맞추어 써야 한다. 요즘은 회사명 기입을 못 하게 하는 블라인드 평가를 많이 한다. 즉 회사명이나 실명을 기입하면 감점을 준다거나 제안서의 종이 그램수 색지의 색깔 그리고 페이지 수 등 그 제약조건이 상당히 디테일하게 요구하는 경우도 많다. 고생해서 제안서를 작성했는데 이런 사소한 부분 때문에 감점을 당하는 억울한 경우를 당하면 안 된다.

셋째로 인력프로필 부분인데 최근에 수주 후 인력을 교체해야지 하는 안일한 생각을 가지고 인력구성을 하는 경우로 사업 초기부터 고객과 트러블을 빚는 경우를 종종 보게 된다. 그리고 예전에는 협력업체 구성에 큰 제약이 없었다. 즉 수주 후 협력업체 또는 대체인력을 교체하곤 했지만 요즘은 제안서 제출 때 협력업체 협약서를 제출해 수주 후 협력업체 교체를 원천적으로 막는다.

넷째로 본제안서에 없는 내용을 PT본에 넣지 말아야 한다. 예전 모사이트에 제안발표를 하는데 제안PM이 본제안서에 없는 내용을 PT

본에 넣어서 발표했다가 그 사항을 눈치챈 심사위원의 한마디로 사업에서 탈락한 경우가 있었다.

다섯 번째로 별첨자료 챙기기다. 별첨자료에는 인력프로필부터 회사 소개자료 신용도 자료 등등 수많은 서류들이 들어가고 이 서류는 제안평가 시에 정량적 점수로 평가된다. 서류가 미비할 경우 감점이다. 필히 고객이 요청하는 서류를 2번 3번 확인하고 또 확인한 후 제출하여야 한다.

여섯 번째, 솔루션이나 하드웨어가 병행으로 수행되는 프로젝트에서 가격은 수주 후에 금액 조율이 가능하지만 솔루션이나 하드웨어의 특성은 변경이 불가능하다라고 생각하고 철저하게 분석을 하여야 한다. 절대 RFP에 있는 개발과업만 생각하다가는 프로젝트 수행 중에 큰 난관에 봉착할 수 있다. 과거에 모 그룹사의 해외지사에 회계시스템을 구축하여야 하는 프로젝트에서 제안사는 단순하게 다국어 지원만 하면 되겠지라는 안일한 생각에 회계 패키지의 구축 부분만 고려하여 제안서를 제출하여 수주를 하였다. 그러나 실상은 국가별로 회계규정이 달라서 해당 국가별로 별개의 회계프로세스를 지원하는 프로그램을 개발하여야 하는 상황에 봉착한다. 결국 프로젝트는 중단되고 지리한 소송전으로 들어간다. 이런 사례는 비일비재하다.

제안서 작성은 정말 힘든 작업이다. 그리고 프로젝트를 수주하고 수행하기 위하여 필수적으로 거쳐야 하는 과정이기도 하다. PM이 되기 위하여서는 제안서를 작성할 줄 알아야 하고 제안서를 볼 줄 알아야 하고 제안서를 발표할 줄 알아야 된다. 처음부터 잘하는 사람은 없다. 많은 경험과 시행착오를 거쳐서 PM은 만들어진다.

　시니어급에게 제안룸은 지옥일 수도 있지만 주니어들에게 제안룸은 기회의 땅이다. 대부분 프로젝트를 마무리하고 복귀한 시니어들이 다음 프로젝트를 나가기 전까지 제안룸에서 제안 지원을 하게 된다. 대다수 사람들이 두 달 이상 제안룸에 있다 보면 여러 가지로 심적으로 복잡한 마음 상태가 되고 슬슬 이직을 고민하게 된다. 그리고 실제로 이직을 하는 사람들도 있다. 어차피 회사에서도 비가득(프로젝트에 투입되지 않은 인력)으로 취급하고 한 달 두 달이 지날수록 슬슬 팀장이나 임원들의 눈치를 보내게 된다. 그러나 주니어들에게는 다르다. 고참 선배들의 노하우를 전수받을 수 있는 기회고 제안서를 작성하는 동안 문서 작성 스킬도 일취월장할 것이다. 또 제안룸의 특성상 타 부서 사람들과 협업을 하는 공간이라 주니어들이 훌륭한 자질을 보여줄 경우 회사 내에 금방 소문이 난다. 분명 주니어들에게 제안룸은 기회의 땅이다.

—— 내일부터 PM이 ——
되어야 한다

PM의 제안역량

공공SI사업에 있어서 그중 제안서 작성의 관점에서 보면 PM은 제 안서를 잘 쓰는 부분도 중요하지만 제안 구성원들에게 신뢰를 받을 수 있게 행동하는 부분도 중요하다. 이게 첫 단추고 이때 PM이 신뢰를 얻어내지 못한다면 그 프로젝트는 처음부터 힘들게 진행될 것이다. 그 나마 수주를 하면 다행이지만 수주를 못 할 시 마더업체의 기업이미지 에도 심각한 데미지를 줄 것이다. 오너나 영업대표의 관점에서 제안팀 을 모을지, 각각 원격지에서 작성된 제안서를 취합만 하는 전략을 펼 지, 그리고 수행전략을 PM이 강력한 리더십으로 전권을 잡고 진행할 지, 아님 컨소나 하도업체에게 턴키방식으로 권한을 넘기고 관리만 할 지에 대한 내부전략 수립도 충분히 고민이 되어져야 할 부분이다.

그러려면 내부 검토 시 대표나 임원들은 단지 손익계산만 할 게 아 니라 PM의 성향과 프로젝트의 성격 그리고 고객분석 등도 손익 다음으로 검토되고 고려되어져야 한다.

그리고 PM의 경력을 관리해 주고 성과를 정량적 · 정성적으로 관리하는 별도의 프로세스를 만들어주어야 할 것이다. 그래야 어떤 프로젝트를 준비할 때 적재적소에 최적화된 인력을 투입할 수 있을지 판단이 선다.

프로젝트는 인력의 가득(프로젝트에 투입된 인력)을 목적으로 해서는 안 된다. 프로젝트는 납기 손익 품질 모두를 만족할 수 있어야 한다. 후자를 위하여 다양한 용병술과 전략과 전술을 활용할 줄 알아야 한다. 대다수 중견 SI들이 고전하는 이유가 컨소나 하도업체에게 턴키로 프로젝트를 일임하는 부분도 일조를 한 것 같다. 분할책임으로 계약을 하더라도 결국 비난의 화살은 마더업체에게 돌아간다. 결국 주관업체가 납기와 손익과 품질 모두를 관리할 수 있어야 하고 이 모든 게 다 PM의 책임권한 밑에서 프로젝트가 운영되어져야 한다.

끝으로 PM은 전장의 대위 소대장이어야지 OP(Observation Post : 관측소, 즉 현장에서 멀리 떨어져 있다는 의미) 되어서는 안 된다.

PM은 팀원의 즉결처분도 그리고 최악의 경우 OP에 진내사격을 요청할 수 있는 냉철함과 배짱도 있어야 한다. 그리고 자기가 제일 먼저 진지 밖으로 돌격할 수 있는 희생정신도 필요하다.

RFP 분석하기

이 장에서는 공공사업의 제안서 작성 노하우부터 프레젠테이션에 관하여 설명한다. 이 파트에서는 지극히 개인적인 경험이고 또 주관적인 경험에 기인하여 작성을 할 수밖에 없다. 누구나 본인만의 스타일이 있으니 그냥 참고 가능한 수준으로 기술한다.

제안요청서의 구성은 보통 사업의 개요, 시스템현황, 제안요청 내용, 제안방법 안내의 형식으로 구성된다. 제안팀이 구성될 때 마더업체의 제안팀과 하도업체의 제안팀원들이 협업을 할 때 당연히 하도업체 제안팀원들은 RFP에서 자신의 업무영역만 분석할 것이고 그러니 마더업체 제안팀원들은 전체 RFP를 모두 분석하여야 한다. 그러나 짧게는 1주일 길게는 한 달을 제안서를 작성하면서도 정말 제안서 숙지를 다들 안 한다. 이점은 PM 또는 제안PM이 지속적으로 챙겨야 하는 부분이다.

첫째, RFP 분석의 기본은 RFP 암기다

그러나 보통 100~200p나 되는 것을 암기한다는 것은 불가능하다. 그래서 전체 사업을 한눈에 조망할 수 있는 정리가 필요하다.

구분	가. 시스템 항비 구성 요구사항 (Requirement Composition Requirement)	나. 기능 요구사항 (System Function Requirement)	다. 성능 요구사항 (Performance Requirement)	라. 인터페이스 요구사항 (System Interface Requirement)	마. 시스템 운영 요구사항 (System Operation Requirement)	바. 데이터 요구사항 (Data Requirement)	사. 테스트 요구사항 (Test Requirement)	아. 보안 요구사항 (Security Requirement)	자. 품질 요구사항 (Quality Requirement)	차. 제약사항 (Constraint Requirement)	카. 프로젝트 관리 요구사항 (Project Mgmt. Requirement)	타. 프로젝트 지원 요구사항 (Project Support Requirement)
공통	유효 장비 사용 필요시 블루칩 대처 가능(OS연계) 기술지원 확인	정보표준 가이드/R 한 준수	Java/bg 개발 통일된 프레임웍 개선	별도운 운수 유지/보수를 위한 통합된 프레임 웍 도입			개발정보 및 테스트 장비 별도 확보 별도로 테스트조직 운영	LH환경 규정준수	이행율 관리 별도 테스트조직 운영 영향을 주지않는 시스템 구현 도움말 계획	정보의 가이드라인 호 운수/여계 개발	유상유지보수 1년 기술지원확약서 제공 테스트 자동 교육 및 인수인계
다국어 콘텐츠 개발	Web 서버 사용			영문페이지 구축 중문페이지 구축 플나/러 번역 적용 Flash 콘텐츠 개발				철하학업 확인		영문 및 중문 검수		
검색기능 고도화	서버 2대 필요	통합검색 우수검색 실가지기 검색 목록검색 콘텐츠(첨부) 검색 연계 필요변동	처리속도확인 데이터유예상 반	사용자동 내설계			단위테스트 통합테스트				
모바일 웹 고도화		운시/피치권 부분선출 개선 프레임 개선 스마트원교 연계	서비스속도확인 (부처터스 2회) D&A확인 및 조치	전체 UI/UX 개선 불교운 검증	관리자기능 개선		단위테스트 통합테스트	보안취약점 점검		서비스 특성분 위치 마니케어야 항	테스트 개선 사항 반영	2014년 1만 상주 (추가제안)
스마트 앱 개발		개인화 기능 스마트폰(안드로 (부분업(정보, 실가지 가, 주변물거나) 중간반(상/비)작용 계산기 개발	서비스속도확인 (부처터스 2회)	전체 UI/UX 기획	관리자기능 개선 공간정보 반영		단위테스트 통합테스트	보안취약점 점검		서비스 특성분 위치 마니케어야 항	테스트 개선 사항 반영	2014년 1만 상주 (추가제안)
통합 로그분석		통합로그분석 조회, 분석, 통계, 보고 개선	데이터유예상 활				단위테스트 통합테스트					
사업관리								보안감사 보안정책서	통일보안활동계획서 통일보안활동결과서		사업수행계획서 WBS 이슈 및 위험관리 변경요청서 변경요청승인서	
분석 (Requirement)		요구사항정의서 요구사항명세서 요구사항추적표 (기능 비기능) 엔티티정의서(논리) ERD		판의조정의서					단위테스트계획서 통합테스트계획서			
		아키텍처정의서 Web기 화면정의서		헬스키일가이드	D8일계유정서		단위테스트케이스 통합테스트케이스계획서					

우선 정리방법으로는 기능 정의가 되어 있는 요구사항 상세 중 분류 사항으로 과업을 정리하는 방법이 있다.

좌측에는 주요과업 그리고 우측으로 각 항목별 핵심내용 등을 정리해서 과업 전체를 1번에 조망할 수 있게 문서화가 필요하다.

둘째, 묶어서 생각하고 중요과업 분류하기

대부분 RFP에서 요구사항 상세만 집중적으로 분석하는 경우가 있다. 그러나 중요한 것은 개요와 제안요청 내용 그리고 상세내용을 묶어서 분석을 하고 그 중에 핵심은 개요 부분을 중심으로 상세내용을 살펴봐야 하는 것이고 실제 고객이 이 RFP로 하고자 하는 서비스와 시스템의 목표가 무엇인지를 가장 먼저 파악하고 그 우선순위 순으로 핵심과업과 비핵심과업 그리고 과업의 중요도에 대한 순서를 정해야 한다.

이 작업은 왜 중요하냐 하면 제안서의 페이지 분량을 이 중요도로 분배를 해야 하기 때문이다. 당연히 고객이 중요시 여기는 과업내용을 집중해서 많은 제안 분량을 잡아야 하기 때문이다. 그러나 대부분 이 부분이 많이 간과되고 있다. 당연히 제안평가표의 배점이 높은 영역도 페이지를 많이 할당하여야 한다.

셋째, 보이지 않는 리스크 찾기

고객이 생각하는 가장 잘 쓴 RFP는 우선 전체적인 내용파악이 안되어야 하고 왜냐하면 나중에 감사가 RFP와 구현결과물을 보고 잘못을 집어내는 경우도 있고, 두 번째로 내용이 불명확해야 하고 왜냐하면 그래야 추가로 일을 시킬 수가 있어서이고 끝으로 과업범위가 불분명해야 한다. 이 세 가지가 고객이 생각하는 가장 잘 쓴 모범 RFP이다. 이 내용은 어디까지나 개인적인 의견이다.

그러나 제안팀은 내용파악 그리고 불명확성과 정확한 과업범위를 찾아서 규정해야 하고 끝으로 비기능 정의 부분에 대하여 명확하게 인식을 하고 있어야 한다. 비기능 정의는 요구사항 상세 중 성능, 인터페이스, 품질, 보안, 제약사항까지이고 추가로 인프라까지도 고려가 되어져야 한다.

비기능 정의 부분은 대부분 전사지원조직으로 간단하게 그리고 형식적으로 기술하는 경우가 있는데 이 부분에도 상주와 비상주 그리고 구체적인 업무추진방안 그리고 투입시기들을 명확하게 기술하여야 한다.

이 부분들은 제안서 작성기간 동안에도 지속적으로 고객미팅과 기술미팅을 통하여 끊임없이 연구하고 노력하여야 하는 부분이다. 왜냐하면 시간이 지날수록 RFP에 대한 이해도가 높아지기 때문이고 새로운 리스크요인이 생기면 고객미팅을 통하여 확인하고 제안서 반영하는 작업이 지속적으로 이루어져야 한다.

넷째, 가장 먼저 전략 수립하기

제안서를 쓰기 위해서는 가장 먼저 제안전략이 도출되어야 한다. 목표 → 제안전략 → 세부 구현 방안이 정리가 되어야만 제대로 된 3장 기술부문을 작성할 수 있게 된다. 제안전략을 도출하기 위해서는 우선 고객이 이 사업을 왜 발주하게 되었는지부터 면밀하게 분석하고 또 이 용역을 통하여 궁극적으로 어떤 기대효과를 바라는지 살펴봐야 한다. 대부분 사람들이 전략 수립을 RFP 분석만으로 끝내는데 그러면 안 된다. 제안전략 수립을 위하여서는

> 1) 그 회사의 비전을 살펴봐야 하고
>
> 2) 그 조직의 목표를 살펴봐야 하고
>
> 3) 그 사업과 연관이 있는 그 회사의 RFP를 분석하고 이는 이 사업이 처음 사업인지 연장사업인지 또는 어떤 사업과 연계된 사업인지를 살펴

봐야 한다는 이야기다.

4) 그 회사와 이 사업주제와 맞는 보도자료 및 언론기사를 분석하고

5) ISP 자료가 있는지

6) 이 사업과 관련된 사회적 이슈가 있는지 등을 다각도로 분석하여 이 과업의 목적에 가장 완벽한 전략을 도출해 내야 한다.

이 정도 분석이 끝나면 제안전략과 PT 전략이 나오게 된다.

다섯째, 경쟁사 분석하기

이 시기가 되면은 경쟁업체들의 동향분석이 필요하고 끝까지 갈 경쟁업체들의 성격에 따라서 수주하기 위한 별도의 제안전략을 수립하기도 한다.

예를 들면 그 업체의 컨소시엄 구성이 어떤지 그리고 최근 경쟁업체가 얼마나 많이 수주했거나 떨어졌는지 그리고 고객과의 관계 등을 면밀하게 분석하여야 한다. 제안참여업체가 많은 경우 심할 경우 평가위원의 제안평가 변별력 확보를 위하여 제안서의 작성 포맷을 변경하는 경우도 고민해 봐야 한다.

여섯째, 원가분석 하기

제안팀을 꾸리고 마지막에 제안서를 제출하기 위해서는 원가분석이 필수적이다. 영업대표를 통하여 컨소시엄사나 하도업체들에게 견적을 받겠지만 그 기준을 삼으려면 내부적으로 원가계산이 되어야 한다. 고객은 이 사업을 발주하기 위하여 공식 RFP를 가지고 있지만 고객사

내부에서 예산을 받기 위하여 기능점수로 산정된 산출내역서를 따로 가지고 있다. 이미 오픈된 RFP를 기준으로 제안팀 내부에서 자체적으로 산출내역서 또는 기능점수 산정표를 만들어서 그 기준을 바탕으로 참여업체별 견적을 받는 작업을 수행하여야 한다.

기능점수 산정은 무척 전문성을 요하는 작업으로 평소 정부조달사이트에서 RFP와 그 배정된 예산을 가지고 분석하는 작업을 꾸준하게 해봐야 어느 정도 업체의 인력단가 기반의 견적에 근사치로 맞는 수준까지 다다를 수 있게 된다. 초급은 할 수 없는 작업이고 회사의 고급이나 특급 등 경험이 많은 기획자나 PM이 전담해서 수행할 수 있도록 회사에서 관심을 가지고 전문인력을 양성해야 하는 분야이기도 하다. 일부에선 기능점수 무용론까지 나오지만 의외로 기능점수를 많이 작업해 본 사람들인 경우 거의 가격의 편차 없이 기능점수를 도출한다. 예를 들어 대형사업에 참여하는 SI사에서 원가분석을 할 경우 원가가 각사별로 거의 비슷하게 나오는 경우를 종종 볼 수 있다, 이런 일이 가능한 게 바로 기능점수의 역할이다.

이상 이 정도 RFP 분석을 거치면 어느 정도 제안서를 쓸 수 있는 여건은 갖추어졌다고 생각한다.

─ 내일부터 PM이 ─
되어야 한다

SW운영 및 유지보수사업

SW사업 운영에는 크게 운영사업과 유지보수사업이 있다.

SW운영은, 즉 SW운영업무는 개발 완료된 후, 인도된 SW에 대해 기능변경을 제외한 운영 기획 및 관리, 모니터링, 테스트, 사용자지원을 포함한 소프트웨어의 정상적인 운영에 필요한 제반활동을 의미한다.

SW 유지관리 업무는 제도, 양식, 절차, 조직 등 업무처리절차상의 변경으로 인하여 발생하는 소프트웨어의 변경, 하드웨어나 OS, 네트워크 등 기술적 발전에 대응하기 위한 변경 또는 보다 좋은 알고리즘으로의 수정 또는 기능상의 보완, 그리고 소스코드의 설명을 충실하게 함으로써 보다 편리하게 사용하고 활용할 수 있도록 유지하고 관리하는 일련의 모든 행위들을 말한다. SW 유지관리는 개발 또는 구매 여부에 따라 용역 유지관리와 상용SW 유지관리로 구분된다.

용역 유지관리란 사업자에게 용역을 주어 SW를 유지관리 하며, SW 개발 완료 후 인도된 SW에 대해 사용자 업무처리절차의 변경에 따른 기능변경, 추가, 보완, 폐기, 사용방법의 개선, 문서 보완 등의 소프트웨어 및 문서의 개선활동에 필요한 제반활동을 말한다.

상용소프트웨어 유지관리란 구매한 소프트웨어를 최적의 상태에서 활용 · 유지하기 위해 제공되는 제품지원, 기술지원, 사용자지원 등의 서비스를 말한다.[3]

대부분 SI 하면 개발사업을 생각하지만 실제로 운영 및 유지보수사업 또는 ITO(IT 아웃소싱)사업도 꽤 큰 규모로 매년 수많은 사업들이 발주된다. 운영 및 유지보수사업은 기업의 입장에서 정기적으로 수익이 발생하고 통상적으로 개발을 수행했던 업체가 운영 및 유지보수사업을 수행하는 경우가 많다.

개발에 참여했던 인력들 중 일부가 남아서 지속적으로 운영 및 유지보수사업을 수행하며, 장비나 SW의 경우 비상주로 프로젝트를 수행하는 경우도 있다. 운영 및 유지보수사업은 짧으면 1년 길면 3년 이상의 기간으로 사업 발주가 되는 장기 프로젝트도 많다.

---

3 출처 : 《SW사업 대가산정 가이드》, 《SW사업 운영단계》 중(2018년 개정판)

여담이지만 주요공사나 정부 중앙부처의 운영 유지보수사업을 수행하는 분들 중에 10년 이상 수주하는 업체로 소속을 바꾸어가며 업무수행을 하는 분들도 꽤 된다.

ITO 제안서 쓰기 전
고려사항

이번 편에서는 ITO 제안서를 쓰기 전에 검토하고 고려할 사항에 대하여 기술한다.

일반적인 개발제안서의 경우 제안서를 평가할 요소들이 많지만 ITO 제안서의 경우에는 평가위원들이 판단할 만한 변별력을 가지기가 정말 힘들다. 특히 개발제안서의 경우에는 항상 그런 것은 아니지만 다소 과장되거나 표현상 과한 부분이 있더라도 일부 용인이 되거나 개발제안서의 내용과 실제 구현한 화면이 상이하다고 해서 크게 문제 삼지 않고 제안서보다 RFP에 있는 요건 위주로 평가를 하는 경우가 일반적이다.

그러나 ITO 제안서의 경우 업무에 대한 정의가 명확하다. 예를 들어 HW 유지보수를 할 경우 월별 점검인데 제안서상에 일별 점검이나 주별 점검으로 기술할 경우 수주 후 정말 그대로 수행을 하여야 한다. 그리고 SI의 경우 과업범위에 맞추어서 컨소시엄 또는 하도를 구성해 봤자 아주 많은 업체가 개발프로젝트에 참여하지 않지만 일반적인 ITO 수행은 많은 경우 10~30여 개 업체를 관리하는 경우도 많이 봐왔다.

어떤 면에서는 SI 개발제안서보다 ITO 제안서를 작성할 때 원가와 손익에 있어서 더 신경을 써야 한다.

첫째, 산출금액 확인하기

ITO RFP를 보면 주요장비 현황과 유지보수 상세목록이 있다. 대부분 그 기관의 거의 모든 인프라 자원을 망라하기 때문에 상당히 많은 항목들을 유지보수 하게 된다.

이 개별항목별로 가장 먼저 도입가 또는 구축가를 확인하여야 하고 그다음으로 도입가의 몇 %가 유지보수 요율인지를 확인하여야 한다. 이 부분은 발주처가 전년도에 예산을 받기 위하여 개별항목별로 예산 설계내역서를 가지고 있고 그 금액을 오픈하는 경우도 있고 오픈하지 않는 경우도 있다.

또 한 가지 중요한 점은 고객이 상세 설계내역서를 공개하였다고 그 유지보수 요율을 전적으로 믿어서는 안 되고 상당한 볼륨을 차지하는 장비와 외산장비는 직접 벤더나 유지보수업체한테 유지보수 요율을 직접 확인할 필요가 있다.

둘째, 사업성 검토하기

자동차도 그렇지만 새 차는 고장 없이 잘 구동되는데 오래된 차의 경우 고장이 자주 난다. 정보시스템을 운영하는 서버도 마찬가지로 내구연한이 오래된 서버일수록 고장이 자주 난다. 이때 확인할 것이 EOS와 EOL이다.

EOS는 End Of Life의 약자로 판매종료일을 의미하며 EOL은 End Of Support로 서비스 종료일을 의미한다.

이는 두 가지 관점에서 단종된 제품이거나 단종된 제품이라 부품을 구하기 어렵고 또 벤더나 기술지원사가 유지보수를 안 한다는 의미다. 실제 사업참여를 고려하여 원가분석을 할 경우 EOS/EOL이 된 장비가 많은 경우 사업을 포기하는 게 현명한 경우가 많다.

셋째, 기술지원확약 받기

사업을 발주하는 기관의 RFP에 일부 제품의 기술지원확약서와 금액을 고지하는 경우도 있지만 대부분 RFP에는 제안 작성기간 동안 유지보수 장비 대상업체들에게 기술지원확약서를 받아서 첨부하라는 문구를 넣는다. 제안을 평가하는 평가위원의 입장에서 기술지원확약서의 비율이 높을수록 높은 점수를 줄 수밖에 없는 가장 중요한 수주의 핵심 포인트 중 하나이다.

제안에 참여하는 업체의 입장에서 개별 장비 유지보수업체를 콘택트(접촉)해서 기술지원확약서와 확약비용 그리고 기술지원 업무범위를 확정하는 것도 제안서 작성과 거의 동일한 비중으로 중요한 포인트이다.

넷째, 기존 운영인력 입사확약서 받기

평가위원이 보는 부분은 운영 및 유지보수의 안정성이다. 운영 및 유지보수 안정성은 당연히 기존 그 업무를 수행했던 인력을 제안서의 인력프로필에 포함시키는 것이다. 우선 대상인력이 전 사업수행업체의 정규인력인지 아니면 기존에 몇 년 동안 업체를 바꿔가면서 그 업무를 수행한 인력인지를 파악하여야 하며 후자의 경우 입사확약서를 받기 위하여 처우나 급여조건에 대한 개별협상이 필요하다.

다섯 번째, 업무범위 확인하기

대부분 운영 및 유지보수사업이 개발예산에 비하여 턱없이 낮은 경우가 대부분이고 상주인력이 들어가는 경우에는 더더욱 수익이 안 나오는 사업들이 많다. 그러면 최소의 인력으로 최대의 유지보수 효과를 내기 위하여 상주인력의 업무범위와 비상주인력의 지원범위에 대하여 명확하게 정리가 되어야 하고 그 내용이 제안서에 반영이 되어져야 한다.

유지보수 제안에 참여하는 업체들은 기본적으로 비상주 업무조직을 운영하여야 하고 HW/NW/DBA/보안인력 등을 보유하고 있어야 사업수행에 그나마 어려움을 덜 수 있다.

—— 내일부터 PM이 ——
되어야 한다

ITO 제안서의 핵심내용

ITO사업을 세부적으로 분류하면 시스템에 대한 운영과 그 시스템을 운용하는 인프라 장비의 유지보수로 분류할 수 있고 발주사업들의 특징이 인프라 장비는 통합적으로 나오는 경우가 많고 시스템 운영사업은 개별 시스템별로 사업발주가 나오는 경우가 많다.

시스템 운영사업의 경우 상주인력이 그 시스템을 운영하고 관리하는 업무가 주이고 일부 업무에 있어서 기능을 개선하는 경우도 있다. 인프라 유지보수사업의 경우 정기점검과 장애대응이 주요업무이다. 본 편에서는 편의상 두 사업을 합쳐서 기술하겠다.

발주처에서 운영하는 업무시스템을 대상으로 실제 운영업무를 수행하는 과업으로 정부의 공공사업 발주의 특성상 '대상 발주처가 운영하는 전문업무에 대한 지원서비스를 제공한다'라고 보면 되며, 제안서를 작성할 때 주의할 부분은 다음과 같다.

첫째, 상주인력과 비상주인력 그리고 전사지원인력에 대한 명확한 정의가 필요하다.

시스템을 운영하거나 인프라를 유지보수 할 때에도 명확하게 1선 2선 3선 조직에 대한 정의가 되어 있어야 한다. 헬프데스크를 운영하는 사업의 경우 당연히 1선이 헬프데스크, 2선이 시스템 운영인력, 3선은 본사의 비상주 지원인력 예를 들면 품질조직 같은 경우 3선 조직으로 분류할 수 있다.

헬프데스크가 없는 경우에는 1선이 운영조직, 2선이 비상주 지원조직으로 나눌 수도 있다.

각 상주인력의 경우에는 인력운용에 문제가 없겠지만 비상주 지원조직의 경우 제안서에 투입시기와 담당업무 등을 현실적으로 실행 가능한 업무와 기간을 기입하여야 하며, 실제 투입할 인력으로 제안서를 작성하는 게 나중에 문제가 없다.

둘째, 기존 운영을 위한 시스템 현황과 업무프로세스에 대한 파악이 필요하다.

규모가 있는 기관의 경우 IT자산관리시스템(ITSM, IT Service Management)을 통하여 운영 및 유지보수 업무를 진행하는 경우가 많고 서비스수준협약(SLA, Service Level Agreement)을 적용하여 운영 및 유지보수 그리고 장애현황 등을 관리하는 경우가 많다. 제안서를 작성할 때

ITSM과 SLA에 대한 세밀한 분석과 이해를 바탕으로 제안서를 작성하여야 한다.

셋째, 과업범위에 기능개선업무가 있는지 파악해야 한다.

운영업무를 전문적으로 수행하는 인력과 개발을 전문적으로 했던 인력과는 업무역량에 있어서 차이가 있다. 운영 및 유지보수사업에서 운영업무를 담당하는 인력은 전적으로 상주를 기준으로 인력이 투입되지만 기능개선업무는 정확하게 어떤 업무를 기능개선 하여야 하고 또 언제 이 업무를 수행하여야 하는지에 대한 분석이 중요하다. 일정과 범위가 확인이 되어야 비용에 대한 파악이 가능하다.

기능개선을 위하여 과업 전 기간에 걸쳐서 인력을 투입할 경우 제대로 원가가 나오지 않을 가능성이 높고, 인력운영에 있어서도 상당히 비효율적이다. 물론 운영인력이 기능개선까지 같이한다면 금상첨화겠지만 말이다.

넷째, 명확한 인수방안이 준비되어 있어야 한다.

실질적으로 운영 유지보수사업은 최대한 빠른 시간에 많은 내용의 인수를 받아야 업무를 효율적으로 추진할 수 있다. 일반적으로 전 사업자의 경우 사업이 종료되면 바로 철수를 하게 되고 철수 이후 인수 시 별도의 비용을 주어야 하는 게 업계의 관례이다. 수주업체의 입장에서 우선협상이 완료가 되면 바로 인력을 투입해서 일정기간 동안 공동근무를 하는 게 향후 안정적인 업무수행과 비용적인 측면에서 유리하고 사업 초기부터 고객의 신뢰를 얻기가 용이하다.

다섯째, 기존 인력 중 함께할 인력과 신규로 기존 인력을 대체할 인력에 대하여 파악이 되어 있어야 한다.

대체인력을 투입할 때 현 사이트의 근무경험이 있는 인력 또는 유사한 시스템을 운영했던 경험이 있는 인력 등으로 투입인력을 구성하여야 한다.

여섯째, 고객사의 중요 일정에 대하여 인지가 되어 있어야 한다.

운영 및 유지보수의 인력운영은 상주인력과 비상주인력의 적시 투입이 사업의 성패를 가르는 중요한 요소이다. 어느 기업이나 마찬가지지만 여유롭게 인력을 운용하는 기업은 없을 것이다. 사업수행기간 중 고객사의 주요한 일정을 먼저 파악하고 그 일정에 필요한 자원 리소스를 미리 확보하여 투입하겠다고 제안서를 작성하면 평가하는 입장에서 조금 높게 평가를 하지 않을까

일곱째, 고객사의 관련 조직에 대하여 파악이 되어 있어야 한다.

운영 유지보수사업의 특징이 고객사의 IT부서가 있고 현업부서가 있다. 대부분 운영 유지보수팀은 IT부서에서 관리를 하고 현업부서의 업무를 수행하는 식으로 보면 된다. 여기서 문제가 IT부서는 한 부서인데 현업부서는 여러 개의 부서가 될 수밖에 없고 이때 현업의 업무가 파악이 안 될 경우에 여러 가지 문제점들이 발생될 수 있다. 제안서를 기술할 때 현업의 수명업무 수행부서와 주요 추진업무에 대한 분석

및 대처방안에 대한 기술이 필요하다.

끝으로 초기 한 달 이내 수행하여야 하는 각종 보고 및 산출물에 대한 분석이 되어 있어야 한다.

사업수주 이후 한 달 동안 정말 많은 산출물을 만들어야 한다. 규모가 있는 사업의 경우에는 PM이 인수와 현황파악 그리고 각종 업무를 수행하면서 이 많은 산출물들을 작성하는 게 현실적으로 불가능하고 가능하다고 해도 그 품질을 담보하기 힘들다. 별도로 사업 초기 산출물 작성을 위한 별도 인력의 투입도 고민해 봐야 한다.

사업 초기 이상과 같은 많은 업무와 리스크를 어떻게 정리하고 추진할지에 대한 대응방안을 제안서에 상세하게 기술하여야 한다.

—— 내일부터 PM이 ——
되어야 한다

인프라 제안서의
핵심내용

이 장에서는 운영사업에 이어서 ITO사업 제안에 주의하여야 할 사항에 대하여 기술한다.

개인적으로 가장 운이 많이 작용하는 사업이 ITO사업 중 인프라 유지보수사업이다. 속된 말로 잘 걸리면 어느 정도의 회사이익과 다년간의 장기간 사업참여가 가능한 영역이지만 잘못 수주하게 되면 회사에 큰 손해를 입힐 수 있는 사업 영역이기도 하다.

유지보수 지금은 유지관리란 용어를 사용한다.

SW사업대가산정 가이드에 따르면 유지관리사업은 크게 SW 유지관리와 상용SW 유지관리, 보안성 지속서비스 세 가지 사업으로 분류가 된다.

각 사업의 업무 정의는 다음과 같다.

1) SW 유지관리

소프트웨어 유지관리는 사용자에게 인도된 소프트웨어에 대하여 오류를 수정하고, 환경 및 사용자 요구사항 변화에 따라 소프트웨어 성능 및 사용성 향상을 위하여 소프트웨어를 수정하는 활동을 말한다.

2) 상용SW 유지관리

상용소프트웨어 유지관리란 구매한 소프트웨어를 최적의 상태에서 활용 · 유지하기 위해 제공되는 제품지원, 기술지원, 사용자지원 등의 서비스를 말한다.

3) 보안성 지속서비스

정보보호제품을 활용하여 정보의 훼손, 변조, 유출 등을 방지하기 위해 지속적으로 요구되는 기술 기반의 서비스를 의미한다.
그리고 인프라 유지관리가 있다.

단순하게 SW만 유지관리 하는 사업, 여기서 SW란 일반적인 SW가 아니라 SI 개발사업을 통하여 만들어진 서비스 또는 시스템으로 보는 게 타당할 것이다. 수행하는 업무는 워낙 다양해서 일단 제안서 작성관점과 원가 또는 비용관점에서 유의할 점 위주로 정리하면 다음과 같다.

위에서 구분된 사업이 각각 분리되어 발주되기보다는 통합적으로 발주되는 경우가 많고 사업의 특성상 다년사업으로 나오는 경우가 많다.
하드웨어 유지관리사업의 제안을 하기 위하여서는 가장 먼저 '인프라 내역'의 확인과 '인프라 구성도'가 있어야 한다. 대부분 발주기관에서는 제품도입 리스트와 도입연도 그리고 도입비용 등의 자료를 가지고 있지만 일반적으로 제안사에 공개하지 않고 수주 후에 제공을 하는 경우가 많다.

충실한 제안서 작성을 위하여서는 위의 두 가지 관련 내용이 기술되어져야 하며, 구성도의 경우에는 내부 엔지니어들이 별도로 분석을 해서라도 구성도를 꼭 그려 넣어야 한다.

최근에 어느 정도 규모를 갖추고 있는 기관들은 ITSM을 통하여 인프라를 관리하고 있어, 기본적인 ITSM 또는 ITIL v3.0(최근에는 v4.0)이 무엇이고 어떻게 적용되는지에 대하여 인지를 하고 있어야 한다.

첫 번째로 운영은 일단 본 장에서 내용 언급을 안 하고 유지보수 관점만 기술하면, 인프라 유지보수에서 가장 중요한 부분은 '일점검', '주점검', '월점검', '분기점검'의 현실적인 적용장비와 점검범위일 것이다. 각 장비별로 점검범위 체크리스트가 있고, 만약 제안서에 일점검이라고 표기하면 실제 그 장비의 일점검을 해야 한다. 현실적으로 이 부분에 대하여 정말 고민을 많이 하고 제안서를 작성하여야 한다.

두 번째로 장애에 대한 대응이다. 우선 예비부품을 현실적으로 확보하여야 하며, 이후 발주기간이 명기한 시간의 범위 내에 인력이 투입되어야 한다. 제안서를 작성할 때 이 부분은 정말 현실적으로 실행 가능한 범위 내에서 작성을 하여야 한다.

세 번째로 벤더 또는 제조사에 주어야 하는 기술지원비의 정확한 파악이다. 일반적으로 공고에 기술지원확약서를 첨부하면 문제가 안 되지만 그러지 않을 경우에는 제안서 작성시기에 각 업체들을 사전접촉하여 직접 견적을 받고 기술지원확약을 받는 일을 필수적으로 하여야 한다. 물론 많은 경우 수십 개의 업체가 될 수 있다. 그러나 내부 원가검토 시 필히 이 부분을 확인하여야 하고, 이 비용이 프로젝트 전체 손익에 큰 영향을 미치게 된다.

네 번째로 서비스수준협약(SLA)을 사전에 확보하여 검토해 봐야 한다. 인프라 유지보수는 일반적으로 SLA를 통하여 관리 감독되어지고 있고, 월별 제출하는 SLA에 낮은 점수를 받을 경우 심한 경우 계약이 파기될 수도 있다. 제안서를 작성할 때 SLA를 분석하고 검토하여 SLA 범위 안에서 제안내용을 기술하여야 한다. 예를 들면 이런 거다. SLA에 장애가 발생할 경우 4시간 안에 엔지니어가 와야 하고 24시간 안에 조치가 되어야 하는데 제안서에 12시간 안에 모든 장애처리를 하겠다고 하면 SLA가 12시간으로 변경이 될 수도 있다.

가장 어렵고 전문적인 영역이 아마도 인프라 유지보수 제안서일 것이다. 그리고 경쟁평가를 할 때 얼마나 전문적으로 발주기관의 인프라를 잘 분석하여 작성했느냐에 따라 제안의 성패가 갈린다. 나머지는 경쟁평가에서 변별력을 확보할 만한 부분과 내용이 거의 없다. 제안발

표도 마찬가지다.

제안서를 작성하고 참여를 준비하는 입장에서 참 어렵고 난감하고 예측이 어려운 제안이 인프라 유지보수 제안이다.

함께 보면 좋은 자료

제목 : SW사업 대가산정 가이드(2021)

제공 : 한국소프트웨어산업협회

출처 : 협회홈페이지(sw.or.kr) 〈 사업지원 〈 사업대가 〈 자료실

본문 중에서…

SW사업 대가산정 가이드는 국가 · 지방자치단체 · 국가 또는 지방 자치단체가 투자하거나 출연한 법인 또는 기타 공공단체 등(이하 "국가기관 등"이라 한다)에서 소프트웨어의 기획, 구현, 운영 등 수 명주기 전체 단계에 대한 사업을 추진함에 있어 이에 대한 예산수 립, 사업발주, 계약 시 적정대가를 산정하기 위한 기준을 제공하는 것을 목적으로 하고 있다.

대가산정 활동은 SW사업 전체 수명주기 동안 반복적으로 수행되 는 활동으로 발주자나 수주자를 비롯한 다양한 이해관계자들에게 큰 영향을 미치는 중요한 활동이다. 본 가이드를 통하여, 국가 정

보화사업의 합리적이고 객관적인 대가산정을 유도하여 국내 SW 사업의 품질을 향상시키고 제값 주기 환경을 지속 정착시켜 SW 산업의 경쟁력을 제고하는 효과를 거둘 수 있을 것으로 기대한다.

본 가이드는 정적인 고시체제에서는 담지 못한 SW산업의 동적인 상황과 글로벌 표준에 입각한 ISO12207 기반의 소프트웨어의 수명주기(기획, 구현, 유지관리 · 운영) 전반에 걸쳐 대가산정 방법을 알기 쉽게 설명하고, 보다 편리하게 수행할 수 있는 도구 제공과 사용자의 편의와 이해 제고를 목적으로 하여 개발하였다.

개발제안서 작성

모든 제안서 작업이 다 힘들지만 개발제안서는 특히 더 많은 부분에 있어서 신경을 써야 한다. 특히 개발의 구현범위와 원가산정에 있어서 어떤 전략과 방법론을 효과적으로 적용해야 하는지가 프로젝트의 수주 성패를 가늠할 수가 있다.

우선 크게 두 가지 분류를 정하면 다음과 같다.

첫째로 우리 회사가 본 과업의 내용을 충족할 수 있는 제품 또는 핵심기술이 있고 다양한 레퍼런스를 가지고 있는 경우다. 이런 경우 '시장에 독점적 권한을 가지고 있는 업체가 없다'라는 전제로 아마도 제안경쟁이 무척 치열할 것이다.

두 번째로 우리 회사가 어느 정도 기술력과 핵심기술은 보유하고 있는데 실적으로 인정받을 수 있는 레퍼런스가 없는 경우다. 크게 위에서 정리한 두 가지 경우를 가지고 제안서 작성법을 정리하기로 한다.

첫 번째 제안의 경우 핵심은 많은 경쟁사 중에서 변별력이 있고 차별화된 제안서를 작성하는 것이다.

우선 전략적 관점에서 2개 업체가 경쟁하는 경우와 3~4개 업체가 경쟁하는 경우에는 분명 제안서 작성법이 달라져야 한다. 2개 업체가 제안하는 경우에는 FM대로 업체가 가지고 있는 장점을 최대한 어필하여야 하지만, 만약 3~4개 업체가 경쟁 PT를 할 경우에는 고객에게 제안사를 어필하지 못하면 바로 실주를 하게 된다. 예를 들면 블라인드 평가의 경우. PT가 다 끝나고 업체평가를 하는데 심사위원이 그 업체를 뭐라고 표현하지 못한다. 첫 번째 업체인지 두 번째 업체인지, 만약 레퍼런스가 훌륭한 업체다, 아니면 추가제안이 너무 좋은 업체다. 전략이 괜찮은 업체다. 이런 식의 표현이 가능하다면 성공이지만 너무 무난해서 평가 시에 뭐라고 그 업체를 표현하지 못할 제안서를 작성하게 되면 그 업체는 바로 실주의 쓴맛을 보게 될 것이다. 4개 업체 이상 들어오는 평가에선 이런 일들이 정말로 발생한다.

두 번째 제안의 경우 핵심은 비록 레퍼런스는 없지만 회사가 가지고 있는 차별화 포인트를 강조하는 부분이다. 이 강조 포인트는 분명 경쟁사가 가지고 있는 레퍼런스보다 심사위원의 입장에서 더 매력적이어야 한다. 이런 경우 정말 어려운 승부고 수주할 확률도 극히 떨어진다. 가장 중요한 것은 레퍼런스가 없는 불리한 포인트를 어떻게 역전할 것이냐다. 이 부분은 제안서에도 충분히 어필이 되어야 하고 PT 이후 질의응답에서도 심사위원의 집요한 질문이 계속 나올 것이다. 이 허들을 넘을 수 있는 전략이 없다면 제안도전을 할 이유가 없다.

그러나 레퍼런스 관련 이슈를 상쇄할 여러 전략들이 있다.

우선 PM과 개발진들이 유사사업에 많이 참여한 경력이 있는 경우다. 이럴 경우 레퍼런스의 약점에서 어느 정도 벗어날 수 있고, 두 번째로 실제 레퍼런스를 많이 가지고 있는 업체와의 컨소시엄 구성이다. 실제로 신생업체들이 많이 사용하는 전략이지만 굳이 레퍼런스가 많은 업체가 신생업체를 데리고 들어갈 리가 만무하다. 마지막으로 PoC(Proof of Concept) 또는 목업(MOCKUP) 기반의 제안서를 작성하는 것이다. 이 부분은 기존 제안서 작성하는 일보다 몇 배는 더 공이 들어가야 한다. 그리고 마지막으로 가격을 낮게 적어서 투찰하여야 한다. 저가 투찰보다 좋은 전략은 없다.

그다음 일반 제안 작성법으로 들어가면 다음과 같다.

제안서에 너무나 많은 주제를 담으면 안 된다. 대부분 PT시간이 30분 이내이고 그 30분 안에 PT와 QnA, 이 모든 것을 설명하기에는 시간이 너무 부족하다. 제안의 핵심전략을 열 가지 이상 도출하지 말고 3~4가지 핵심적인 부분을 반복해서 작성하여야 한다. 서두에 언급하였듯이 심사위원이 업체를 인식 못 하고 제안의 내용을 인식 못 하면 그 PT는 바로 끝이다. 욕심을 부리지 말고 핵심만 반복적으로 심사위원에게 설명하자. 그렇다고 똑같은 장표 똑같은 내용을 앵무새처럼 반복해선 당연히 안 된다.

두 번째 PT보다 Q&A가 훨씬 더 중요하다. 경험을 근거로 이야기하면 심사위원들이 PT보다 Q&A에서 평가를 하는 경우가 더 많다. 왜그러냐 하면 실상 요즘 PM들이 기본적으로 PT는 다 잘한다. 결국 Q&A에서의 작은 차이가 승패를 가름한다. 만약 심사위원이 질문했을 경우에 그냥 구두로 설명하는 것보다 제안서 뒤쪽에 예상답변 장표가 있어서 그 장표를 보고 설명한다면 분명히 앞의 PM보다 높은 평가를 받을 수 있을 것이다. 그리고 이 부분은 결국 경쟁사보다 더 노력했다는 증거이기도 하다.

세 번째로 정량적인 부분에 있어서 본제안서 발표본 그리고 별첨자료 모두 동일한 수치를 적시하여야 한다. 예를 들어 투입공수가 본제안서에는 100M/M인데 발표본에는 95M/M이면 이런 낭패가 없다. 그리고 일정계획의 현실성이다. 예를 들어 기획이 안 되었는데 개발이 들어가거나 제안서에는 분석을 충분히 하겠다고 했는데 분석기간이 짧으면 이런 부분들은 경험이 많은 심사위원들에게 바로 공격의 빌미를 제공하게 된다. 전체 제안내용의 앞뒤 내용이 일관되게 정리가 되어 있어야 한다. 마지막으로 비상주 투입과 전사조직의 구체화와 명확한 업무분장이 필요하다. 제안서의 4장과 5장을 기존 제안서 그대로 활용하면 안 된다. 특히 제안고객의 이름이 틀린다거나 사업명이 틀린 4, 5장이 발견되면 평가위원들은 그 제안서 자체를 무성의하게 볼 것이다.

개발제안서는 회사에서 많은 준비가 되어 있어야 하고 특정 기술이
나 서비스를 가지고 있는 기업의 경우 제안서를 가로본과 세로본 그리
고 50p 버전 100p 버전 그리고 300p 버전 등을 고르게 가지고 있어야
한다. 그리고 사업관리 방법론이나 구축 방법론은 자사화시켜서 실제
프로젝트에 적용하면서 개선시켜 나가는 프로세스도 필요하다.

지극히 개인적인 의견을 전제로 영업, 제안서, PT 그리고 Q&A 중
가장 중요한 것은 Q&A다.

함께 보면 좋은 자료

제목 : 공공정보화사업유형별 제안요청서 작성 가이드(2014)

제공 : 조달청

출처 : 협회홈페이지(swit.or.kr) 〈 정보센터 〈 SW제도 자료실

본문 중에서…

「소프트웨어산업진흥법」은 공공정보화사업에 대하여 요구사항을
명확하고 상세하게 하여 제안요청서(RFP)를 작성하도록 의무화하
였습니다.

그러나, 변경된 소프트웨어산업진흥법에 따른 현실은 일부 수요(발
주)기관의 전문성 부족으로 인해 형식적 요건만을 준수할 뿐 제안

요청서상의 기술적 요구사항인 기능 · 성능 · 데이터 · 보안 · 품질 등의 요구사항이 불명확하게 발주되는 사례가 빈번하게 발생하고 있습니다.

또한, 요구사항이 불명확하게 발주된 공공정보화사업에서는 계약 후 사업추진 과정에서 과업변경, 사업지연, 품질저하 등의 부작용이 발생할 우려가 있습니다.

따라서, 본 가이드의 목적은 전문성이 부족한 발주기관 담당자가 제안요청서 작성 시 본 가이드를 참조하여 정보화사업을 성공적으로 수행할 수 있도록 하고자 개발하였습니다.

본 가이드는 공공정보화사업을 추진하는 발주기관 담당자가 실제 제안요청서를 작성하는 방법에 대한 설명과 5개의 부록(사업유형 분류표, 요구사항 표준 패키지, 매핑표, 법제도목록, 22개 정보화사업 유형별 제안요청서 표준 템플릿(Best Practice))으로 구성되어 있습니다.

JEO
M

생텍쥐페리
—
"당신이 만약 배를 만들려고 한다면, 사람들을 모아놓고 나무를 모아오라거나, 일을
나눠주거나, 명령을 하는 행동을 하지 마라.
그 대신에 그들에게 광활한 바다에 대한 동경심을 심어줘라."

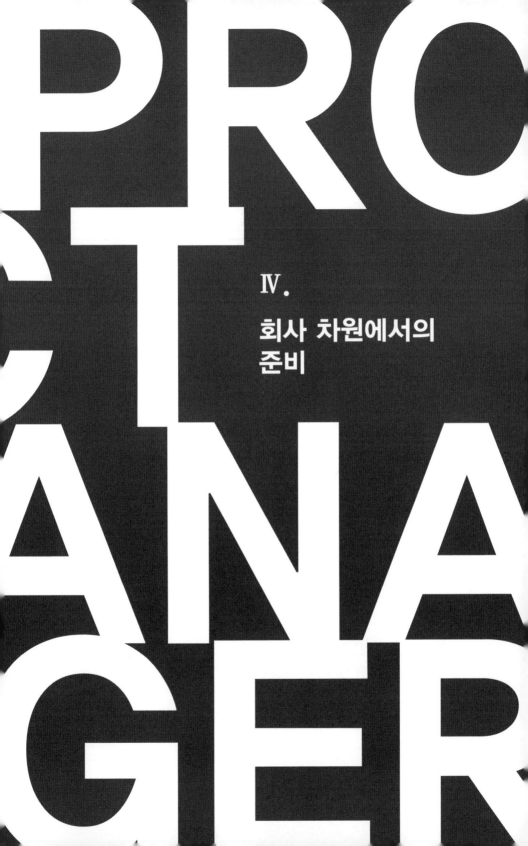

IV.

회사 차원에서의
준비

SI를 준비하는 회사

주변에서 자체적으로 솔루션이나 서비스를 개발하다가 어느 정도 궤도에 오른 이후 그 기술력을 바탕으로 공공사업에 뛰어든 회사를 종종 볼 수 있다. 그 업체들 모두 많은 시행착오를 거쳐서 그 자리에 올라갔을 것이다.

이 책은 그 시행착오를 최소화하게 하기 위하여 작성된 책이다. 그리고 오히려 PM이나 PO보다는 회사의 대표 또는 SI 총괄하는 담당자에게 더 필요한 책이다.

이 장에서는 실제 공공에 참여하기 위하여 기업이 준비해야 하는 사항들과 회사에서의 핵심 프로세스와 의사결정 방법 등 회사가 시행착오를 줄일 수 있는 내용을 중점적으로 기술한다.

PROJECT MANAGER

입찰참여를 위한
행정업무

공공정보화사업에 참여하기 위하여서는 우선 관련부처와 기관들에게 "우리회사가 이제부터 공공사업을 하겠습니다"라고 각종 서류 등을 등록하는 필수 절차를 거쳐야 한다.

간략하게 정리하면 다음과 같다.

1. 사업자등록증 업태 및 종목추가 등기부등록상에 개발에 필요한 사업목적 추가하여야 한다. 우선 회사가 하고자 하는 사업의 RFP를 보고 참여요건을 먼저 살펴보고, RFP가 요구하는 업태를 신규로 등록하여야 한다.

　　예를 들어서…

　　– 전산조직자문

　　– 소프트웨어 개발

- 디지털콘텐츠 개발 서비스 사업

- 컴퓨터 프로그래밍, 시스템 통합관리

- 전산 및 통신장비(하드웨어, 소프트웨어) 정비

- 네트워크 장비 유통

- 도서인쇄, 출판 이상 해당지역 세무서와 등기소에서 추가를 하여야 한다.

2. 직접생산확인증명서 신규등록으로 등록하여야 한다. 이때 사업자등록증의 업태와 동일한 항목으로 등록이 되어야 한다.

1) 등기부등록상에 컨설팅 및 개발에 필요한 사업목적 추가

- 전산업무(소프트웨어 개발)로 관련 세부 품명 등록

2) 이 문서는 중소기업중앙회에 신청하면 된다.

3. 소프트웨어사업자 신고확인서 신규등록

1) 사업분야 등록

- 컴퓨터 관련 서비스 사업 등 해당사업 영역 등록

2) 한국소프트웨어산업협회에 신청

4. 중소기업확인서

1) 중소기업확인을 위한 접수

2) 중소기업청에서 발급

5. 법인용 공인인증서 신청

6. 나라장터 입찰등록(www.g2b.go.kr)

   1) 이용자등록 하여야 한다. 해당지역의 조달청에 직접 가셔서 업무처리

   하시는 걸 권장(지문보안 토근을 구입해야 해서)

   2) 자세한 내용은 지역 조달청에 직접 문의하면 친절하게 안내해 준다.

입찰참가 후 정량적 평가(제안서)를 위하여 필요한 서류 및 내용은 아래와 같다.

7. 기업신용평가확인서

   제안입찰에서 정량적 평가를 위하여 필요함

8. 기업 재무제표

   제안입찰에서 정량적 평가를 위하여 필요함

9. 투입인력 경력관리

   SW협회(www.sw.or.kr)에 개인 프로젝트 투입 경력 등록 및 관리

   향후 기타−경력관리를 위하여 지속적인 업데이트가 필요

10. 국세−지방세 완납증명

    국세청에서 발급받으면 됨

11. 보증보험

    계약이행과 하자보수 등의 보험증권 발행

    서울보증보험 등에서 발급이 가능하고, 유료임. 회사의 신용도나 기존

발급된 금액에 따라 변경요인들이 많이 발생한다.

12. 실적증빙
프로젝트 수행 이후 SW협회에 실적을 등록하여 관리

이렇게 많은 서류가 준비가 되어야 정부조달에서 진행하는 사업에
참여를 할 수 있다.

담당임원 또는 대표가
준비할 사항

프로젝트를 회사 차원에서 왜? 하는가란 질문에 돈을 벌기 위해 한다라고 하면 아마도 제일 어리석은 답일 것이다. SI 관련 프로세스와 좋은 인력들을 보유하고 있는 대기업 및 중견기업의 손익을 보면 대부분 한 자릿수 정도 수준이다. 중소기업이 그 이상의 손익을 봤다는 사례를 별로 보지 못했다. 손해를 안 보면 오히려 다행이다.

그럼 IT 중소기업 또는 SW 개발사가 공공SI에 뛰어드는 이유는 무엇일까?

첫 번째, 자사의 개발 솔루션의 시장 확대

자사 제품이 민간 또는 제조분야에 설치 및 서비스가 되고 있는 제품을 공공에서도 그 제품 또는 서비스를 사용하게 하고 싶은 경우

두 번째, 자사의 개발 솔루션의 고도화

자사에서 개발한 핵심 엔진이 있는데, 공공사업을 하면서 그 솔루션 및 제품을 고도화하고 싶은 경우

세 번째, 회사의 매출 증대를 위하여 SI사업을 수주

어느 정도 규모 및 안정성이 있는 회사에서 회사의 대외적인 매출 증대를 위하여 SI사업을 수주하여 수행

네 번째, 회사의 생존을 위한 SI

단지 회사의 생존을 위하여 개발인력을 운영하면서 공공정보화사업을 수행

SI를 처음 경험하게 되는 조직의 경우 대표이사 또는 SI를 총괄하는 임원이 할 일 중 가장 중요한 일은 공감대 형성이다. 처음부터 SI를 했던 회사나 조직의 경우 이런 과정이 거의 필요치 않지만, 신규로 SI사업에 진출하고자 하는 조직이나 회사의 경우 이 과정이 필수적으로 선행이 되어야 한다.

그럼 SI를 총괄하는 리더의 입장에서 무엇을 준비하여야 하는가.

첫 번째, SI 선언을 해야 한다. 그리고 가장 먼저 영업대표와 PM을 정한다.

우리 회사 또는 우리 조직은 앞으로 SI를 한다. 그리고 SI를 수행하는 조직을 분리하여야 하고, 프로젝트를 담당하는 임원 또는 프로젝트

수주를 담당하는 영업대표 또는 PM에게 모든 권한을 주어야 한다. 여기에서 이야기하는 권한은 타깃 프로젝트를 정하고, 제안팀원을 세팅하고 수행조직을 결정하는 권한을 일임하여야 한다. 그러나 제안서를 제출할지 말지 하고 금액을 투찰하는 권한은 조직이나 회사 내부에 체계적인 원가검증 프로세스를 갖추고, 내부협의를 거쳐서 의사결정 하는 프로세스를 갖추어야 한다.

두 번째, SI 전문조직 또는 팀을 만들어야 한다.

기존 회사의 개발자나 기획자들 특히 SI를 해보지 않은 직원들을 SI에 투입하면 그 직원들은 그 프로젝트 도중 퇴사를 마음먹는 경우가 부지기수다. 물론 1~2번은 직원들의 동의하에 프로젝트에 나가겠지만 지속적으로 SI를 원하지 않는 직원을 SI에 내보낸다고 하면, 결국 그 직원은 퇴사를 하게 된다.

우선 팀을 빌딩한다. SI를 했던 인력 또는 SI를 원하는 인력, 조직에서 SI를 원하는 인력을 만들고자 하면은 별도의 인센티브 전략을 만들어서 프로젝트에 나갈 경우 급여의 인상, 교통비 증액, 체재비 등을 주는 인센티브 프로세스를 만들어서 기존 조직과 SI를 하는 조직의 차별화를 두어야 한다.

세 번째. SI 지원조직 또는 지원팀을 만들어야 한다.

전체 인력을 풀로 투입하는 프로젝트도 있지만 예를 들면 디자이너가 프로젝트 전 기간에 걸쳐 투입할 필요는 없고, 특정기간에만 투입하는 경우, 인프라 엔지니어가 개발 인프라와 운영 인프라 구성 단계에만 투입되면 되듯이 특정업무와 특정시기에만 지원하는 팀을 만들어서 SI 전문조직을 지원하여야 한다. 이 인력들은 내부업무도 하면서 대외업무도 함께 수행하는 조직으로 운영을 하면 된다.

네 번째, 조직의 프로세스를 바꾸어야 한다.

SI를 시작하려면 손익관리와 구매관리 프로세스가 회사에 마련되어 있어야 한다. 손익관리는 제안부터 프로젝트 종료까지 이루어지는 모든 경비를 PM과 사업관리 그리고 회사의 재무담당과 임원진 모두에게 투명하게 공유를 할 수 있는 프로세스를 갖추어야 하며, 또한 구매관리 프로세스를 갖추어서 프로젝트에 들어가는 각종 비용을 합리적이고 체계적으로 관리할 수 있어야 한다.

다섯 번째, 사업모니터링 프로세스가 있어야 한다.

SI 프로젝트에는 많은 위험요소가 있고, 그 위험요소를 체계적으로 관리할 수 있어야 한다. 그러나 많은 경우 그 위험요인을 프로젝트팀 내부에서 해결하려고 하고, 해결이 되면 문제가 안 되지만 해결을 못하면 프로젝트 손익에 문제가 생긴다. 프로젝트에서 발생되는 많은 위험요소나 리스크한 부분들은 문제가 발생되는 초기단계부터 회사에 공유가 되어야 하고 수시로 보고 및 관리가 되어야 한다. 이런 역할은 조직의 리더가 고객을 지속적으로 만나서 청취할 수 있고, 영업대표가 확인할 수도 있다. 가장 좋은 것은 PM이 정기적으로 보고를 하고 조직에서 이슈와 리스크들을 체계적으로 관리하는 것이 가장 좋다.

조직에 이런 프로세스가 없으면 프로젝트에 나가 있는 PM과 팀원들은 마치 무인도에 고립되어 있다라는 암울한 생각을 가질 수밖에 없다. 프로젝트는 PM과 팀원이 하는 게 아니라 회사 전체가 하는 것이다.

—— 내일부터 PM이 ——
되어야 한다

프로젝트 참여
의사결정(VRB)

　　다양한 영업방법을 통하여 사전에 발주정보를 확인하든지 또는 나라장터 검색을 통하여 사업정보를 입수하여 내부적으로 프로젝트 참여에 대한 논의를 거쳐서 제안팀을 구성하고 제안서를 작성한다. 그리고 제안마감일 전에 투찰을 하여야 하고 또는 제안서 제출을 포기하는 경우도 생긴다.

　　VRB(Value Review Board), 즉 사업에 대한 참여검토 또는 심사를 VRB라고 한다. 일반적으로 제안서를 쓸지 말지도 의사결정을 하는데 이는 생략하고 VRB에 대한 부분만 설명하면 다음과 같다.

　　첫 번째, 투입인력을 정한다. 사업기간 전체를 월별로 나누어서 투입인력과 투입M/M를 결정하고 각 인력별 회사에서 정한 인력단가를 적용한다.

두 번째, 월별 투입되는 비용을 결정한다. 대부분 프로젝트는 선금, 중도금, 잔금으로 이루어지고 일반적으로 선금, 잔금의 경우가 많다. 즉 발주자가 주는 금액 외에 프로젝트의 비용을 회사에서 부담하는 구간이 생긴다. 재무담당이나 대표의 입장에서 이 기간에 피가 마른다. 사업 초기 어느 정도의 이 기간을 대비할 수 있는 자금 계획을 수립하여야 한다.

세 번째, 프로젝트의 가치판단을 한다. VRB를 통하여 회사의 유무형의 이익을 판단한다. 이 프로젝트가 회사에 남는 사업인지 아니면 적자인 사업인지를 판단하여야 한다. 당연히 흑자 사업이라면 사업참여를 하여야겠지만 적자라면 사업을 포기할지 아니면 전략적으로 적자를 감수하고 사업에 참여를 하여야 할지를 결정하여야 한다.

마지막으로 투찰률을 결정한다. VRB를 통하여 이 사업에 얼마를 투찰할지 금액을 결정한다. 참고로 투찰금액이 적을수록 수주 확률은 높아진다.

—— 내일부터 PM이 ——
되어야 한다

제안 컨소시엄의 구성과
하도급업체선정

혼자서 사업을 한다면 가장 이상적이겠지만 사업의 수주와 원활한 프로젝트 수행을 위하여 컨소시엄과 하도급업체를 제안에 참여시킬 수밖에 없다.

컨소시엄이란 전체 사업을 서로 나누어 수행하는 방식으로 각자 세금계산서를 발행하고 각자 비용을 지급받는 개별 책임 방식이지만 실상 책임은 대표 업체가 다 져야 되는 경우가 대부분이고, 하도급업체는 특정 기술이나 인력이 필요할 때 과업의 특정 비율 안에서 전문업체를 섭외하여 함께 프로젝트를 수행하는 방식이다.

우선 제안요청서 및 과업내용서 안에 공동수급 또는 하도급을 허용하는 사업에만 해당되고 단독 수급을 요청할 경우에는 불가능한 사업 수행방식이기도 하다. 공동수급일 경우 몇 업체까지 참여가 가능한지 명시가 되고 또 사업참여 조건에 모두 해당되는 업체만 공동수급업체로 제안입찰에 참여할 수가 있다. 좀 더 설명하면 컨소시엄에 참여하는 모든 업체가 참여비율에 따라 정량적인 평가를 받는다. 즉 제안참여 조건을 충족하지 못한 업체는 컨소시엄에 참여할 수 없다. 그리고 참여방식에는 공동이행방식과 분담이행방식 등 다양한 참여방법이 있고, 하도급업체의 경우에는 평가기준에 하도급계획의 적정성 항목으로 배점이 들어가는 경우도 있고, 중소기업의 참여에 추가 배점을 주는 경우 등 다양한 유형이 있으니 참여하고자 하는 사업의 제안요청서를 신중하게 검토하여야 한다.

하도급업체의 선정과 사업참여는 우선 제안요청서에 들어 있는 하도급 관련하여서 총 다섯 가지의 제출문서가 있는데 다음과 같다.

1) 하도급계획서(입찰시),
2) 하도급계획서(계약체결시),
3) 하도급(재하도급) 계약승인신청서,
4) 하도급 대금지급 비율명세서,
5) 하도급 적정성 판단 자가평가표. 총 다섯 가지 문서를 제출하여야 한다.

하도급 관련하여 프로세스를 간략하게 설명하면 다음과 같다.

제안서 제출 전 하도급업체를 선정하고 그 하도급업체가 본 사업에 참여할 수 있는지, 즉 부정당업체가 아닌지 관련 수행실적이 있는지를 판단하고 제안서에 이 업체를 하도급업체로 함께 수행을 하겠다고 계획서를 제출하고, 하도급업체의 투입인력을 제안서에 반영하여 제안서를 제출한다.

　입찰을 통해 우선협상업체에 선정이 되고 계약을 체결할 시 하도급업체를 사업에 포함시킬지 여부를 발주기관에서 승인을 하여야 하도급업체가 본 사업에 참여를 할 수 있는 것이다.

　이렇게 크게 보면 2개의 프로세스이지만 이 과정에서 신중하게 업무처리가 안 되면 많은 부분에서 문제화가 되는 경우가 많다.

　첫 번째로 하도급업체에서 인력 및 장비에 대한 견적을 받는다. 그런데 제안 주관업체의 입장에서 제안서를 제출하기 직전 투찰금액을 정해야 된다. 그 금액은 변경될 수밖에 없고, 또 그 투찰금액을 하도급업체에 알려줄 수도 없다. 여기에서 서로 상호 간에 의견공유가 안 되면 이후 큰 문제가 발생될 수밖에 없다.

　두 번째로 수주 후 적어진 수주금액으로 투입공수가 줄어드는 경우가 생긴다. 또는 발주기관의 불허로 사업에 참여 못 하는 경우도 생기게 된다.
　제안PM이나 영업대표 입장에서 하도급업체와 충분한 대화와 상황에 대한 공유를 하여야 향후 발생되는 여러 문제점들을 조기에 해결을 할 수 있게 된다.

　세 번째로 하도급업체의 신용도문제와 부정당업체 여부를 확인하는 것이다.

위의 문제점들이 없이 원활하게 계약을 체결하게 되면 하도업체의 사업수행계획서와 산출내역서를 받아야 한다.

하도급업체의 사업수행계획서와 산출내역서에는 아래와 같은 내용들이 포함되어져야 한다.

　　1) 하도급업체 참여사업명으로 본 프로젝트에 추가로 해당업무영역이 명
　　　기되어야 하며

　　2) 사업참여 기간

　　3) 참여인력 및 투입기간

　　4) 참여인력의 비용산출내역

　　5) 참여인력 프로필 및 증빙서류 또는 장비내역

　　6) 참여인력의 해당업무 등이 상세하게 기술되어져야 한다.

컨소시엄사는 하도급업체처럼 디테일하게 챙겨야 할 부분은 많지 않지만 수주 후 공동경비에 있어서는 사전에 명확하게 조율이 필요하다. 사무실 임대비, 집기비용, 그리고 프로젝트룸의 종이, 음료 기타 등등 그리고 월 또는 분기회식 비용 등 프로젝트 사전에 컨소시엄사 간에 세밀하게 비용에 관련된 협의가 필요하다.

사실 하도급업체와의 협업이 있어서 일반적으로 SI를 오래 했던 하도급업체와는 위와 같은 트러블이 생기지 않는다. 그러나 SI 경험이 없는 업체나 처음 SI사업에 참여하는 업체인 경우에는 위와 같은 문제

점들이 심각하게 발생이 된다. 사전에 충분한 대화와 정보공유만이 원만하게 하도급업체와의 상생할 수 있는 방법이다.

제목 : SW개발 표준산출물 관리 가이드, CBD방법론 기반(2011)

제공 : 한국지능정보사회진흥원(NIA)

출처 : 검색포털에서 검색

본문 중에서…

우리나라 소프트웨어 개발자들이 개발과정에서 분석 및 설계에 활용할 만한 방법론이 부족하고, 기존 방법론들도 산출물 간의 연관관계 및 체계가 미흡하며 많은 산출물을 단순 나열하고 있어 분석, 설계에 가이드로서의 역할을 하지 못하고 산출물 작성의 부담감을 주고 있는 실정이며, 발주자에게는 산출물 적정성을 검증할 수 있는 기준으로서의 역할을 하지 못하고 있는 실정이다.

본 산출물 가이드는 개발 시 필수적인 산출물을 선정하고 산출물 간의 연관관계 및 체계를 정립하여 분석·설계의 가이드로서의 역할을 할 수 있다. 필수 산출물을 선정하여 산출물 작성의 부담을 완화하여 주었고, 발주자에게는 산출물의 연계성 및 추적성을 확보하여 산출물을 검증할 수 있도록 하였다. 특히 자체 방법론을 가지고 있지 못한 중소기업 개발자에게는 유용한 방법론으로서의 역할을 할 수 있다. 소프트웨어 개발사업에서 분석 · 설계의 중요성은 아무리 강조해도 지나치지 않을 만큼 우리나라의 소프트웨어 개발관행에서 분석 · 설계단계가 그동안 너무 간과되어 온 것이 사실이다. 개발자는 코딩 전에 엄밀한 분석 · 설계 작업을 수행하여야 하고, 발주자는 분석 · 설계단계에 대한 적절한 자원 및 대가를 제공하는 마인드를 가져야 한다고 본다.

본 가이드에서 제시하는 작성 사례는 단순히 내용의 유형을 표시한 것이므로 실제 프로젝트에서 사용 시 산출물 양식을 참조하여 프로젝트 수행내용에 맞게 작성되어야 하며, 그림이나 표 등을 활용하여 다양하게 표현이 가능함.

JEC

M.

생텍쥐페리
—
"계획이 없는 목표는 단지 희망하는 것에 불과하다."

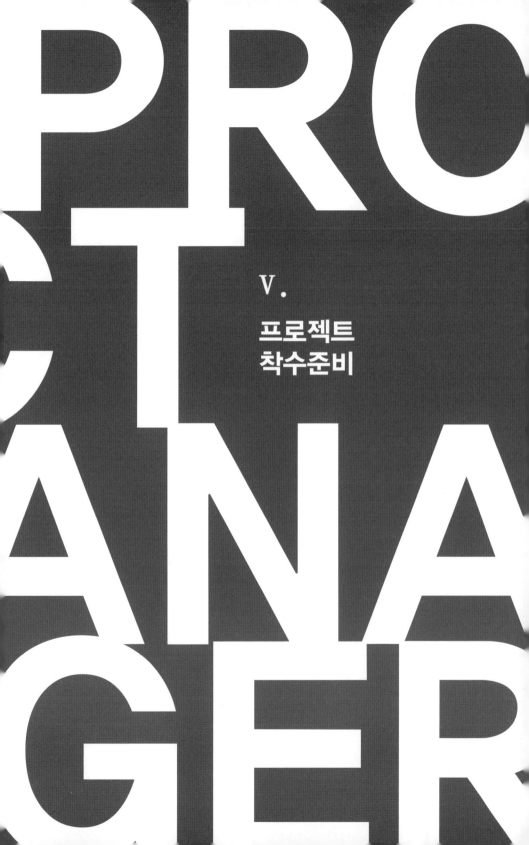

V.

프로젝트
착수준비

PROJECT MANAGER

—— 내일부터 PM이 ——
되어야 한다

프로젝트에 투입되었다…
1주일 이내에 정리할 일들

지금부터는 공공을 기준으로 초보 PM이 챙기고 알아야 될 이야기를
중심으로 써 내려가겠다.

사업관리와 프로젝트에 함께 들어왔다면 PM은 프로젝트에 집중하
면 되겠지만 대다수 프로젝트는 PM 혼자서 많은 것들을 챙겨야 한다.
마치 전쟁터 최전방의 소대장처럼 고립무원 상태에서 프로젝트를 수
행하는 경우도 있고, 보급도 원활하지 못한 경우도 부지기수이고 최악
의 경우 본부에 진내사격도 요청할 경우가 생긴다.

대기업은 덜 하지만 중소기업 같은 경우에는 PM만 덩그러니 사이트
에 혼자 보내놓고 네가 다 알아서 하고 프로젝트 끝나면 모시러 올게
하고 가는 경우가 많을 것이다. 그리고 중소기업에서는 내부인력 부족

으로 프로젝트 팀원들을 외부에서 소싱해서 투입해야 하는 경우도 생길 것이다. PM 입장에서 이 모든 것이 부담스럽다. 그렇다고 해도 어차피 이제 이런 전쟁터에서 살아남아야 하고, 결과적으로 프로젝트를 잘 완수해서 다시 회사로 복귀해야 한다.

이 장에선 실제 생존할 수 있는 방안에 대하여 중점적으로 이야기하겠다.

이제 프로젝트의 시작이다.

프로젝트를 수주하면 통보를 받은 그 하루만 딱 좋다.

프로젝트에 투입되자마자 회사와 고객사에서 동시에 진행해야 하는 일들이 있다.

가장 먼저 고객에게 제출할 서류 챙기기다.

제안요청서나 과업수행계획서에 보면 과업착수지침이 있다. 여기에는 구체적으로 계약과 동시에 고객사에 제출하여야 하는 문서들이 수두룩하다. 물론 기관에 따라 다르니 참고만 하기 바란다.

정리하면 다음과 같다.
　① 착수신고서
　② 책임기술자 선임계
　③ 책임기술자 사용인감계
　④ 책임기술자 재직증명서, 이력서 및 기술자격증 사본
　⑤ 참여기술자 재직증명서, 이력서 및 기술자격증 사본
　⑥ 참여인력 전원의 보안각서

⑦ 과업수행계획서

⑧ 기타 필요한 사항에는 신원증명원이 들어가기도 한다.

여기에서 가장 중요한 문서는 과업수행계획서이다. 과업수행계획서에는 수주와 동시에 별도의 우선협상을 고객과 하는데 여기에서 추가적으로 나온 사항들을 정리하고 제안서를 근간으로 일정이나 인력 등 보완할 부분들과 산출물 내역 등 상세화 또는 구체화할 부분들을 추가하여 제출하는 문서가 과업수행계획서이다.

'RFP+협상내용+제안서=과업수행계획서'

과업수행계획서는 RFP 다음으로 중요한 기준문서이다. 특히 제안서에 제출한 인력 중 실제 투입 가능한 인력으로 변경하여 제출하는데 고객의 성향에 따라 쉽게 받아주거나 또는 문제로 삼는 경우가 있어서 인력투입과 관련된 부분은 각별히 주의가 필요하다. 특히 인력의 변경을 최소화하는 부분도 중요하지만 인력의 경력산정과 관련하여서도 고객과 산정범위에 대하여 사전조율이 필요하다. 공식적으로 경력등급이 폐지되었지만 그에 대한 다른 대안이 아직까지 없는 상황이고 일부 공공에서는 아직까지 과거의 방식을 준용하고 있다. 그러나 SW 개발자 이외에 기획자나 디자이너들은 경력을 인정받을 수 있는 방법이 없어서 정부의 가이드라인에서도 해당 기관에서 내부적으로 의사결정을(너희들끼리 알아서) 하라는 주의다. 즉 사전에 개발자 이외에 기타 인력들의 경력인증에 대하여 고객과 논의가 필요하다.

과업수행계획서 제출 이후에 모든 변경사항은 공문처리와 함께 사전에 고객과의 업무조율을 거쳐야 함으로 과업수행계획서는 최대한 상세하게 기입하는 것이 향후 프로젝트를 수행하는 데 유리하다.

두 번째로 개발룸 세팅하기.

협상을 하는 동안 고객사의 내부나 또는 고객사 근거리에 개발룸을 세팅하여야 한다. 대부분 고객사 내부에서 개발업무를 수행하여야 하는데 최근의 추세가 보안이 강화가 되어 개발룸 내부에서는 인터넷도 원활하게 사용을 못 하고 내부의 문서가 외부로 나가지도 못하고 개발룸 내부에서도 파일공유도 쉽지 않을 것이다. 이에 프로젝트 관련하여 기본 환경에 대하여 사전 인지를 하고 이에 대한 준비를 철저하게 한 후에 프로젝트에 투입되어져야 할 것이다. 프로젝트룸에서 꼼수를 부려서 어떻게 해봐야지 하는 생각은 애초에 하지 말길 바란다. 대부분 공공기관에서 보안은 핫 이슈다. 만약 위배사항이 발행하면 PM이나 수행사는 물론이고 고객이 제일 먼저 다친다. 최근에 원격지 개발도 활성화되고 있으나 역시 보안은 등한시하면 안 된다.

세 번째, 하도급업체와 계약하기.

본사에서는 프로젝트에 투입될 하도급 인력과의 계약을 마무리해 주어야 한다. 일반적인 SI 회사에서는 하도급업체와의 계약 없이 하도급 인력의 선투입을 엄히 금지한다. 프로젝트 착수일 이전에 필히 하도급업체와의 계약을 체결하고 착수 시에 무리 없이 인력들이 투입될 수 있도록 본사에서는 세심한 배려가 필요하고 PM은 이 부분을 필히 챙겨야 한다.

끝으로 프로젝트에서 안일한 생각은 항상 나중에 사고로 돌아온다. 모든 의사결정은 최악의 상황을 염두에 두고 하여야 하고 실제로 대부분 최악의 상황으로 치닫는다. 그리고 프로젝트의 상당한 업무가 이슈와 리스크를 관리(모니터링)하는 일이다. 우선 리스크를 예측하고 리스크를 예방하고 리스크를 해소하는 일이다. 이 일만 잘해도 프로젝트의 성공확률은 50% 이상으로 올라갈 거다.

여기까지가 1주일 동안 준비해야 될 내용들이다.

품질과 관련하여서는 다음 편에 상세하게 소개하고 프로젝트 과정 중에서 내가 생각하는 품질의 핵심은 결국 고객만족도이다. 내가 수행하고 있는 과정과 절차가 고객이 만족하고 있는지 그리고 내가 개발 완료한 개발결과물이 고객의 목표와 부합하는 결과물인지는 PM 자신이 가장 잘 알 것이다.

회사를 경영하는 입장에서 고객만족도가 높으면 프로젝트 진행 중에 파생매출이 생길 것이고 프로젝트 종료 후에는 후속사업을 고객이 만들어줄 것이다. 만약 PM이 정말 일을 잘한다면 프로젝트 도중에 파생매출이라는 떡 하나를 더 줄 것이고 프로젝트가 마무리되는 시점에서는 고객은 우수한 인재 확보 차원에서 회사로 복귀하지 못하게 계속 사업을 만들어줄 것이다. 회사의 입장에서 이런 PM은 정말 보석과 같다.

프로젝트를 성공하기 위하여서는 부단한 노력과 실력과 운이 필요하지만 결국 첫 단추를 얼마나 잘 꿰느냐에 있다. 우선 처음에는 우리는 고객과 한배를 탄 상황에서 살기 위해서 같은 방향(목표 및 비전)으로 북소리(명확한 커뮤니케이션)에 맞추어 일사불란하게 노를 저어야(수행) 한다.

즉 고객의 목적이 우리의 목적이고 고객의 비전이 우리의 비전이다. 이 비전을 달성하기 위하여 PM의 역할 그리고 PL의 역할 그리고 각 구성원들의 역할이 명확하게 정의되어지고 담당자별로 정확하게 숙지가 아닌 암기를 하고 있어야 한다.

프로젝트의 시작과 동시에 가장 중요한 키워드는 고객의 비즈니스 목표다. 그 이후에 시스템의 납기 내 오픈과 안정적인 운영기반을 마련한다. 그리고 장기적으로 시스템의 성과를 통한 구현 목표 달성 등을 들 수 있다. 그러나 그중에서 가장 중요한 첫 단추는 고객의 목표를 인지하고 그 목표를 달성하기 위하여 최선을 다하는 것이다. 그러면 이후 프로젝트 종료단계에서 PM은 고객에 의하여 프로젝트를 성공했는지 실패했는지 냉정할 정도로 판단될 것이다.

—— 내일부터 PM이 ——
되어야 한다

실질적인 프로젝트의 시작⋯
착수보고

프로젝트 투입 후 1주일 동안 아마도 진이 다 빠졌을 것이다. 그러나 프로젝트는 아직 분석단계에도 들어서질 못했다. 착수보고가 끝나야 본격적인 프로젝트의 시작이라고 보면 된다.

기본적인 행정절차가 끝나면 공공에서는 착수보고를 한다. 착수보고는 말 그대로 고객사 내부의 프로젝트를 담당하는 팀에서 윗분들과 주변 팀 등 프로젝트와 관련된 분들(이해당사자 : Stakeholder)을 모시고 행사 진행을 하게 된다. 물론 수행사에서도 임원급이나 대표가 참석을 하는 경우가 많다.

이 착수보고에서 1차로 PM의 역량이 검증된다. PM은 프로젝트 전반의 비전 그리고 주요과업내용 그리고 일정 그리고 본 프로젝트를 통하여 얻어지는 기대효과에 대하여 설명을 하여야 하고 PT 후 여러 질문들에 대하여 가장 현명한 답을 하여야 한다. 여기에서 PT가 미숙하거나 질문에 대하여 명쾌하게 답을 못 하는 경우에 프로젝트는 아마도 처음부터 힘들어진다.

착수보고를 준비하는 과정에서도 많은 부분에 있어서 PM의 역량이 드러난다.

여기에서 기술하는 부분은 많은 다른 의견이 있을 수 있다.

PM은 프로젝트만 잘하면 된다.

나는 그렇게 생각하지 않는다. PM은 프로젝트와 연관 있는 모든 것을 다 잘해야 한다.

예를 들면 다음과 같다.

우선 고객과 착수보고 관련 회의를 한다.

PM : 이번 착수보고를 진행하는 장소에 미리 가볼 수 있을까요?

고객 : 왜 그러시는데요.

PM : 네 착수보고용 플래카드 제작과 다과를 준비하려고 합니다.

그리고 저희 팀원들이 고객 안내와 기타 착수보고에 필요한 업무지원을 하려고 합니다.

자 역지사지하여 내가 프로젝트 감독관이다. 이렇게 프로젝트팀에서 처음부터 적극적으로 자신의 일을 도와준다고 하면 어느 고객이 이 PM과 프로젝트팀을 싫어하겠는가?

프로젝트란 일을 중심으로 사람과 사람이 하는 일이다. 결국 일을 먼저 하기 전에 고객과 가까워져야 한다. 그래야 향후 원활한 소통이

가능하다. 그러나 어느 수준 이상 친밀해지는 것도 조금은 지양하여야
한다.

전체적인 착수보고 일정 확정 후의 예상 시나리오다.
- ① 고객은 착수보고에 참여할 인원들을 결정하고 일정을 통보한다. 공공
  의 특성상 정부 중앙부처의 사무관급 이상이 참석하는 경우도 있다.
- ② 고객과 PM은 착수보고 문서를 검토하고 수정한다.
- ③ 문서 확정에 있어서 PM은 착수보고 문서를 몇 부 출력할지 컬러로 할
  지 흑백으로 할지에 대하여 고객과 상의한다.
- ④ 착수보고 당일 날 착수보고장에 플래카드 설치와 간단한 다과 그리고
  필기도구 등을 세팅한다.
- ⑤ 착수보고장에서 고객사의 고위직과 수행사의 임원과의 간단한 상견례
  와 인사말에 대하여 수행사 임원에게 팁을 준다. 특히 가장 윗분이 누
  군지 정도와 직급과 성함 정도는 알고 있어야 한다.
- ⑥ 착수보고 이후에 식사를 하는 경우가 있는데 사전에 예약을 해놓고 있
  어야 한다. 이때 수행팀원 1~2명 정도는 착수보고장에 남겨 놓고 뒷
  정리를 한다.
- ⑦ 착수보고 후 다음날 회의록 작성하여 보고하면 착수보고의 일정은 끝
  이 난다.

사기업의 착수보고도 프로세스는 비슷하나 한 가지 중요한 부분이
있다. 사기업 프로젝트에서는 최종의사결정권자인 사장, 즉 대표이사
나 임원진을 볼 수 있는 몇 번 안 되는 기회 중 첫 번째 타이밍일 수 있

다. 이 타이밍을 정말 잘 활용하여 프로젝트를 쉽게 진행할 수 있는 방법이 있다.

프로젝트를 진행할 때 중요한 흐름 등이 있다. 그리고 주요 이슈들이 있는데 착수보고 때 그런 이슈들을 위주로 PT를 하고 대표이사의 의사결정을 그 자리에서 받는 것이다. 만약 정말 이렇게 진행이 된다면 그 프로젝트는 벌써 반 이상 진행된 것이나 다름없다. 특히 홈페이지 관련 프로젝트의 경우 시안 도출을 위한 컨셉이나 방향성 아니면 시간적인 여유가 된다면 시안을 가지고 가서 착수보고 자리에서 시안을 결정하는 방법도 사용해 볼 만하다.

다시 공공의 관점으로 돌아가 이렇게까지 해야 할까라는 의구심이 들 것이다. 그러나 이렇게 할지 말지는 어디까지나 본인이 결정할 부분이다. 고객의 관점에서 처음 1주일 이내에 PM과 프로젝트팀에 대하여 판단할 것이다.

나는 고객에게 머슴으로 비칠 것인가 아니면 스승으로 비칠 것인가라고 질문을 하면 대다수가 선생으로 비치고 싶다고 한다. 그러나 갑과 을의 관계는 냉혹하다고 보면 되고 항상 선생으로 있을 수도 없고 때가 되면 머슴처럼 고객의 일을 지원해야 하는 경우도 부지기수다. 그때그때 상황에 맞추어 최선을 다하면 된다.

—— 내일부터 PM이 ——
되어야 한다

선급금과 이행보증

착수보고 이후나 사업수행계획서 제출 이후 선급금 신청을 하여야 한다.

통상적으로 70% 이하를 신청하여야 하나 프로젝트의 특성이나 기관의 성격에 따라 선급금과 잔금을 주는 경우도 있고, 선급금, 중도금, 잔금으로 주는 경우도 있다. 기관마다 차이점이 있어서 필히 사전에 고객과 협의를 하여야 한다.

일반적인 사례를 기술하면 다음과 같다.

우선 선급금 관련 내용은 다음과 같다.

1) 선급금 신청서와 선급금 사용계획서 그리고 선급금 이행보증증권을 제출하여야 하며 이때 국세 지방세 완납증명서와 4대 보험 완납증명서 등을 함께 제출하여야 한다.

2) 선급금을 만약 70% 받으면 하도급업체가 있는 경우 같은 비율인 70%를 내려줘야 한다.

3) 선급금 증빙을 통상적으로 준공시기에 하여야 한다. 이때 선급금으로 받은 금액을 모두 증빙하여야 한다. 선금 사용 증빙을 못 하는 경우, 준공금을 받지 못한다.

일반적으로 실급여로만 70%의 선금을 증빙하기가 어려운 경우가 많다. 이는 회사의 마진과 제경비 및 기타 경비 등을 선금 계획에 넣지 않으면 준공 이후 선금 증빙에 상당히 애를 먹는 경우를 많이 보게 된다. 일반적이지는 않지만 하도급업체에도 선금 증빙을 요구하는 경우가 있다. 프로젝트 초기 고객에게 이런 부분들은 디테일하게 확인을 하고 사업관리를 하여야 한다.

참고로 프로젝트 종료 이후 준공금 신청할 때 하자이행보증증권을 함께 제출하여야 하며, 보증비율과 보증기관은 고객과 협의하에 비율과 기간을 결정하고 신청하여 제출하면 된다.

JEG
M

생텍쥐페리
—
"미래에 관해 당신이 해야 할 일은 예측하는 것이 아니라 가능하게 하는 것이다."

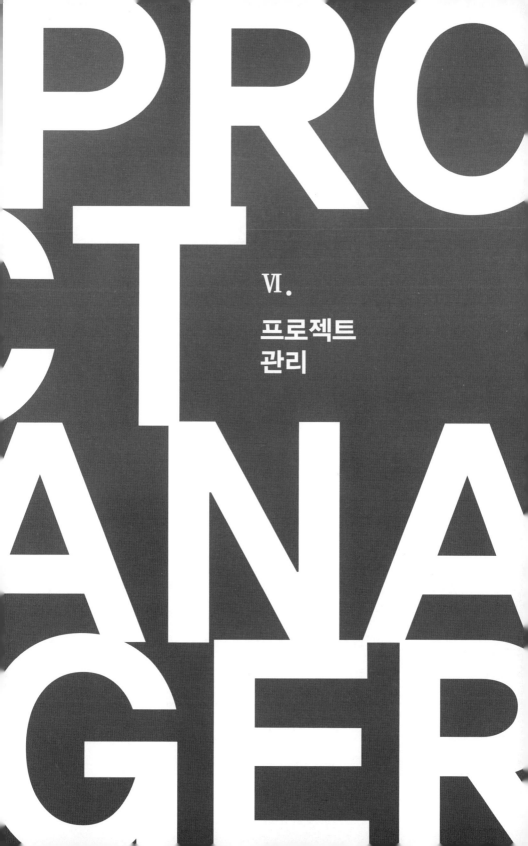

VI.

프로젝트
관리

—— 내일부터 PM이 ——
되어야 한다

프로젝트 관리를 위한
핵심프로세스

첨부된 그림은 프로젝트 관리 프로세스 10개 영역 총 47개 프로세스에 대하여 정리한 도식으로 프로젝트의 진행시간 순으로 각각 관리하여야 하는 프로세스를 종횡으로 배열하여 실제 프로젝트의 진행 시에 PMI의 프로세스 중 어디를 중점적으로 관리하여야 하는지를 알려주는 도식이다.

아래의 그림을 기반으로 해서 이번 장인 프로젝트 관리 편에서는 47개 프로세스 중 핵심 프로세스 위주로 설명을 할 계획이며 최대한 우리나라 프로젝트 환경과 실정에 맞추어서 기술을 할 예정이다. 참고로 PMI 10개 영역 47개 프로세스를 관통하는 핵심은 계획을 수립하고 실행하고 실행된 내용을 모니터링 및 통제를 하며 이때 변경된 부분을 영향도가 있는 프로세스에 동기화하여 관리하면 된다. 말은 쉽지만 수십 번 프로젝트를 해도 실제 관리가 쉽지 않다.

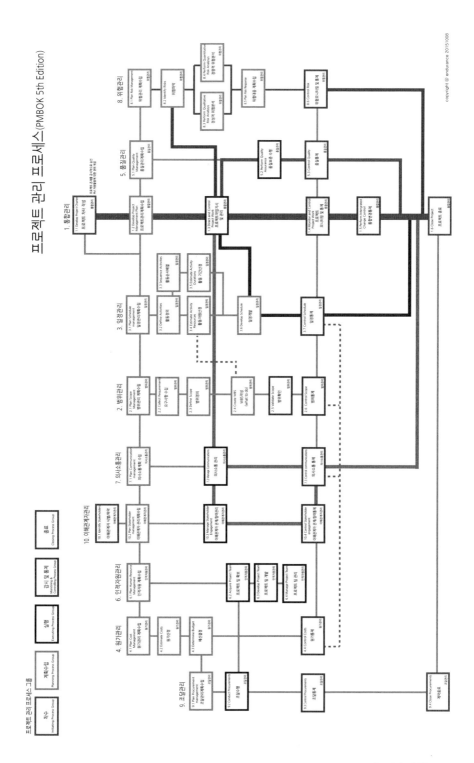

프로젝트 관리 프로세스(PMBOK 5th Edition)

모든 부분에 있어서 위의 내용을 염두에 두고 프로세스를 살펴보기 바라며 PM을 하고자 하시는 분들은 PMI 또는 PMP 관련된 책들을 한 권 정도는 봐 두기를 바란다.

사업관리와 관련된 책은 우선 PMBOK의 6th 버전의 책인데 대부분 PMP 자격증을 따기 위한 책들이고 순수 사업관리와 관련하여서는 미국과 일본의 번역서들이 주를 이루고 있으며 국내 환경에 맞추어서 만들어진 책은 그리 많지 않은 것 같다.

내일부터 PM이 ─
되어야 한다

고객분석 및
이해당사자 관리

PM은 머슴 또는 노예냐 스승이냐?

이 명제는 프로젝트 수행에 있어서 많은 중요한 의미를 내포한다.

머슴에게는 고객은 항상 옳고 고객의 모든 요구를 들어주고 고객의 모든 변경요구는 수행하여야 한다.

과연 이게 옳은가?

그러면 어떻게 하면 우리 팀은 스승으로서 존중받을 수 있을까? 이 부분은 사업 초기 가장 먼저 고객분석을 통하여 그 향배가 가름될 수 있다.

PMI에서는 고객 및 이해당사자를 통틀어서 스테이크홀더라고 정의한다. 우선 내 위에 감독관이 있을 것이고 대부분 공공프로젝트에서 실무감독관은 대리~과장 레벨 정도이고 책임감독관은 차장~부장 레벨 정도일 것이다. 거기다 공공의 특성상 정부 중앙부처의 일을 대행하는 경우에는 그 위에 사무관이나 서기관이 있을 것이다. 그리고 그 프로젝트와 연관된 현업(또는 전산팀)이 있을 것이고 뭐 등등 등 수없이 많은 이해당사자가 프로젝트 주변에 포진하고 있다. 내 눈에 안 보인다고 이 수많은 사람들이 프로젝트에 영향을 안 미치는 것은 아니고 PM이 모르는 사이에도 이해당사자들 때문에 프로젝트가 지옥이 되는 경우가 다반사다.

이 부분을 가장 먼저 언급하는 이유도 이해당사자 관리가 가장 중요하기 때문에 가장 먼저 언급하는 것이다.

수많은 이해당사자 중에서 나에게 가장 중요한 사람은 일적인 면에서는 대리~과장급인 실무감독관이고 프로젝트의 성패를 좌우하는 사람은 당연히 차장~부장급인 책임감독관이다. 둘 중 누가 더 중요하냐고 물으신다면 당연히 책임감독관이다.

우선 본론에 들어가기 전에 내가 수주하여 진행하는 프로젝트의 성격을 먼저 봐야 된다. 이 프로젝트는 고객이 모든 것을 알고 단순히 수행팀은 구현만 하면 되는 프로젝트인가 아니면 고객은 역량이 안되어서 프로젝트의 전반적인 것을 수행팀이 리드를 해서 진행하여야 하는 것인가로 구분 지어야 한다.
그러나 핵심은 똑같다.

첫 번째는 고객 말만 잘 들으면 된다. 결국 충실하게 머슴 역할만 하면 된다. 그러나 두 번째 경우에는 수행팀의 역량을 가장 빠르게 고객의 역량으로 바꾸어주어야 한다.

결국 수많은 이해당사자를 상대하는 것은 나와 일하는 감독관이고 감독관의 역량에 따라 프로젝트의 성패가 좌우된다. 나와 일하는 감독관이 힘을 받을 수 있게 지식을 제공하고 명분을 제공하고 문서를 제공하고 성과를 제공하여야 한다.

일부 PM 관련 서적들에서는 이해당사자들을 개별적으로 관리하라고 정의되어 있는데 실무에서 PM이 감독관을 배제하고 이해당사자들을 직접 만나서 의견을 듣고 그 의견을 프로젝트에 반영한다는 게 좀 보편적이지 않다고 본다.

아래 내용에 대하여서는 또 이견이 있을 수 있다.

왜 프로젝트팀에서 고객이 만들어야 하는 문서를 만들어줘야 하는가? 난 프로젝트팀에서 그 문서를 만들어줘야 한다고 강력히 주장한다. 아니 문서만 만들어주면 안 된다. 어떤 이슈가 있을 경우에 고객이 그 이슈에 대하여 완벽하게 이해할 수 있게 최선을 다하여 설명하여야 한다.

프로젝트의 중대한 이슈나 방향 설정을 할 경우 PM은 실무감독관에게 설명하고 실무감독관은 책임감독관에게 설명하고 책임감독관은 또 그 상위조직의 누군가에게 설명을 하고 그 설명이 충실치 못하고 상급자가 이해를 못하면 그 일이 되돌아오거나 지연되거나 변경이 될 것이다. 결국 그 피해는 프로젝트팀에게 고스란히 전가된다.

그럼 이런 경우에 어떤 방법이 최선일까.

이런 이슈가 있을 경우 예를 들면 대부분 문서로 보고를 하는데 필히 이해를 돕기 위하여 PPT로 설명자료를 첨부하여야 한다. 한글문서로는 충분히 원하는 내용을 설명하기 힘들고 전반적인 프로세스와 다이어그램 위주의 설명자료를 필히 첨부하면 상급자의 이해도를 높일 수 있다.

그리고 프로세스나 기능의 변경이 있는 경우에 필히 조직의 비즈니스 목표와 연관 지어야 한다. 고객이 이 기능을 이 기능으로 바꿔봐 달라고 지시가 내려올 경우 그 지시의 내용을 비즈니스의 목표와 연관해서 생각하여야 한다. 그러면 고객에게 제출하는 기획문서들도 지엽적으로 기능만 나열하면 안 되고 그 기능이 어떤 비즈니스 목표에서 도출된 건지에 대한 명확한 정의가 필요하다. 그러면 상당한 부분에서 변경이 줄어들게 될 것이고 이해당사자들의 간섭도 줄어들게 될 것이다. 즉 프로젝트의 목표가 고객사의 한 팀의 목표가 아니라 고객사 전체를 아우를 수 있는 목표라는 인식이 공유될 수 있는 기반을 사업 초기에 만들어야 한다.

일부 PM들의 그릇된 시각이 분석 설계단계를 짧게 잡고 인력투입도 안 하고 그냥 허비해 버리는 경우를 많이 보아왔다. 사업 초기 분석 설계단계에서 이런 일들을 하여야 한다.

초보 PM들한테는 위에 기술한 내용들이 분명히 어렵게 느껴질 것이다. 그러나 노력하여야 한다. 이런 노력들이 프로젝트 마지막에 PM을 웃게 만들 것이다.

통합관리 및 요구사항 정의

프로젝트를 가장 단순히 표현하자고 하면 '비즈니스 프로세스를 기능으로 구현하여 UI로 표현하는 것이다'라고 정리할 수 있을 것 같다.

이 모든 것을 관리하는 게 통합관리이다.

PMI의 관리 프로세스에 의하면 프로젝트 차터 작성(착수) → 프로젝트 관리계획수립(계획수립) → 프로젝트 작업지시 및 관리(실행) → 프로젝트 모니터링 및 통제 → 통합변경통제(감시 및 통제) → 프로젝트(종료)의 순이고 이 프로젝트 관리 프로세스 하에서 소프트웨어 개발 생명주기인 요구사항 정의 → 분석 → 설계 → 개발(구현) → 테스트 → 이관의 주기를 거치게 된다.

PMP를 공부하다 보면 제일 먼저 난관에 봉착하는 게 프로젝트 차터이다. 사기업이나 금융 같은 경우에는 내부에서 프로젝트를 진행하기 위한 기본적인 사업계획서 및 예산설계서와 대표이사의 품의문서 정도로 규정하면 될 것이고 작성의 주체는 꼭 PM이 아니어도 된다.

공공의 경우에는 사업계획서와 예산설계내역서 그리고 과업내역서까지라고 생각하면 이해가 쉬울 것 같다. 다른 차이점은 이 문서들을 고객이 만드는 정도일 것이다.

프로젝트 관리계획수립은 과업수행계획서로 보면 될 것 같고 나머지는 수행, 통제, 관리의 프로세스로 보면 될 것이다.

정리는 간단한데 실제 프로젝트의 사업관리가 녹록하지 않다.

이 파트에서 가장 중요한 것은 프로젝트 관리계획수립이다. 관리계획수립의 전반적인 내용들은 사업수행계획서에 그 내용들이 반영되어 있어야 하고 소프트웨어 개발 생명주기에서는 요구사항 정의를 수행하여야 한다.

요구사항 관련하여 핵심은 선택과 집중이고 선택할 수 있는 능력과 집중할 수 있는 역량이 있어야 한다. 고객의 모든 요구사항을 충족한다는 것과 그리고 그 뒤에 닥칠 변경까지도 모두 수용한다는 것은 가히 신의 영역이라고 할 수 있다.

좀 더 구체적으로 들어가면 요구사항 분석을 통하여 고객이 궁극적으로 이 프로젝트를 통하여 얻고자 하는 것이 무엇인가를 가장 먼저 파악해야 한다. 이 프로젝트 관리계획이라는 것은 결국 고객의 목표에 최대한 다다를 수 있게 하는 계획을 수립하는 것이라고 보면 된다.

예를 들면 요구사항 분석단계에서 다양한 이해당사자들을 만날 것이다. 물론 같은 팀원들인 경우도 있고 다른 팀원들 또는 다른 조직의 사람들일 수도 있다. 만약 요구사항 분석에서 개별적인 이해당사자들의 이야기를 모두 수용할 것인가? 여기에는 실질적인 필요성도 있겠지만 조직의 논리, 즉 정치적인 함수도 배제할 수 없을 것이다. 즉 프로젝트를 할 때 이 프로젝트의 궁극적인 목적에 대하여 이해를 못한다면 수많은 이해당사자들의 요구사항에서 무엇이 중요한지 무엇이 중요하지 않은지 분별할 방법이 없는 것이다. 그럼 모두 수용할 것인가?

프로젝트의 목적과 목표를 알아야 그 의견들의 우선순위와 중요도를 정하고 필요 없는 것은 과감하게 배제할 수 있는 것이다.

두 번째로 프로젝트에 들어갔는데 고객이 무엇을 해야 할지 모르는 경우다. 아마도 대부분 이런 경우가 많을 것이다. 이런 경우 제일 먼저 고객이 의사결정 할 수 있는 무언가를 만들어주어야 한다. 이때 가장 좋은 수단이 벤치마킹이다. 이때는 커뮤니케이션에 상당한 스킬이 필요하다. 고객은 어려운 내용에 대하여 본인이 이해를 못했을 경우에도 고개를 끄덕일 것이고 또는 벤치마킹을 통하여 얻어진 지식을 바탕으로 수많은 아이디어를 제안해서 프로젝트에 반영하길 원할 것이다. 그리고 그 의견 반영을 위하여 PM과 치열하게 싸울 것이다. 싸울 때 싸우더라도 결국 프로젝트를 수행할수록 고객의 진화는 필연이고 PM의 역할은 고객을 가장 빨리 최고 수준으로 진화시키는 능력을 발휘해야 하는 것이다.

요구사항을 분석할 때 기능 정의만 하면 절대 안 된다. 동시에 비기능 정의에 대한 부분도 요구사항 정의를 하여야 한다.

좀 더 디테일하게 들어가면

1) 사업에 대한 개념 정의 : ISP, 사업추진계획서, RFP, 설계내역서 등을 참조
2) 이해관계자 정의 : 기본적으로 고객사를 통하여 조직도를 받아서 활용하고 이때 파워 레벨도 함께 파악
3) 사업추진 범위 및 방향성 : 기본 문서와 이해당사자들의 요구 개념을 통합하여 수립
4) 내외부의 환경 분석(인프라, 업무, 신기술, 법적 준수사항, 보안, 외부 사례 등)
5) 시사점 및 개선사항 도출[4]

결국 요구사항 분석단계에서 도출된 내용들을 기반으로 프로젝트의 실질적인 첫발을 디디게 된다.

---

4 《소프트웨어사업 요구사항 분석 적용 가이드》, 2012. 12., 지식경제부, 정보통신산업진흥원, p17 참조

─── 내일부터 PM이 ───
되어야 한다

고객과 PM 소통의
중요성

기존 프로젝트를 바라보는 관점은 RFP에 있는 기능과 비기능을 어떻게 구현할지에 집중되어 있다.

이 기능을 구현하기 위해 어떤 로직과 어떤 부수적인 작업이 필요하고 몇 명이서 몇 개월 하면 되겠다라는 업무 정의 관점에서 사업수행계획서와 WBS(Work Breakdown Structure)를 작성하면서 본격적인 프로젝트 업무는 시작된다.

항상 그래왔다.
그러나 몇 가지에 대해서 깊이 있는 생각을 할 필요가 있다.
첫째. 고객은 이 프로젝트를 왜? 하는 거지? 무엇을 얻고 싶어 하는 거지?에 대한 고민이 필요하다.

둘째. 이 수많은 기능 중에서 무엇이 중요하고 무엇이 중요하지 않은지. 이 두 가지를 고민하는 것이 프로젝트를 하면서 가장 먼저 고민해야 할 첫 시작점일 듯하다.

처음 프로젝트를 기획하고 예산을 받고 RFP를 작성하는 주체는 분명 확고한 문제의식을 가지고 그 문제를 해결하려고 프로젝트를 기획하고 예산을 수립했을 것이다. 그러면 핵심적인 중요기능과 말 그대로 사족기능들이 병렬적으로 나열되어 있고 사업을 수주해서 수행하는 입장에서는 그 부분을 찾아내기가 현실적으로 어렵다. 이는 고객이 처한 상황들에 대하여 명확하게 이해해야 한다는 의미다. 만약 사업계획을 수립한 고객이 전출되고 새로운 담당자가 온다면 더 어려워진다.

수행하는 입장에서 항상 의문이 들것이다. 정말 이걸 다 개발해야 하는 거야?

그러나 프로젝트의 가장 큰 문제점인 잦은 변경을 방지해야 하는 입장에서 이 포인트는 정말 중요하게 여겨져야 할 것 같다. 고객이 처한 상황과 사업의 배경 그리고 대내외 환경 등을 면밀하게 관찰하고 프로젝트 설계에 들어가야 한다. RFP를 그냥 매뉴얼 대하듯이 하면 안 되고 그 안에 있는 프로젝트 구현에 있어서 고객이 원하는 핵심을 찾아야 한다. 그리고 그 핵심에 맞추어 프로젝트 설계를 하는 게 세 번째인 것 같다.

네 번째로 프로젝트의 특성에 맞게 사용자의 관점 또는 서비스의 성과를 내는 효과 측면에서 여러 가지로 고민을 해야 된다. 수행팀은 이 기능 저 기능 구현하고 감리받고 검수받고 철수하면 된다는 단순한 생각이 아니라 내가 구현한 시스템이 어떻게 고객의 업무에 효율적으로 적용될 것이며 내가 구축한 서비스가 어떻게 고객이 요구하는 성과에 부응할 것인지에 대한 진지한 고민이 프로젝트 설계에 충분히 반영되어져야 한다. 그러나 수행 중에 솔직하게 이런 부분들을 고민하기가 쉽지 않다. 대부분 나무는 보고 숲을 못 보게 된다.

이상과 같은 준비단계를 거친다면 단언컨대 프로젝트 구현단계에서 수시로 들어오는 고객의 변경요구가 현저하게 줄어들 것이다.

결론은 분석할 때 좀 더 깊고 넓게 기능과 고객이 처한 상황 등을 매칭하고 분석하여 설계할 때 좀 더 고객의 의견과 기능의 강약 그리고 먼저 구축할 부분과 후에 구축할 기능을 살펴가면서 설계하라는 의미다.

그리고 고객과 정말 많은 대화와 교감이 있어야 한다. 답은 명확하다. 고객이 처한 상황을 나한테 이입하면 된다.

고객은 프로젝트에서
무엇을 원하는가

고객이 정말 원하는 프로젝트의 목적은 무엇일까?

프로젝트를 수행하는 PM과 기업의 입장에서 목표는 명확하다.

(1) 납기

(2) 손익

(3) 품질

그리고 부수적으로 고객만족도, 파생사업 및 후속사업 도출 등등이 있을 것이다.

그러면 프로젝트를 수행하면서 고객과 PM 간에 생기는 시각 차이에는 어떤 것들이 있을까?

크게 공공의 입장에서 두 가지로 분류하면 다음과 같다.

첫째 IT 관련 부서의 프로젝트와 비IT부서의 프로젝트일 것이다.

우선 IT 관련 부서의 프로젝트는 의외로 단순하다. 주로 정보시스템의 운영 및 유지보수가 주업무이다 보니 그와 관련된 프로젝트가 대다수다.

두 번째로 경험상 대부분의 IT 프로젝트가 이 비IT부서에서 발주한 프로젝트들이다. 이들이 프로젝트를 통해서 얻고자 하는 목표와 목적성은 참으로 다양하다. 그리고 이들 모두 비즈니스, 업무에 대하여서는 정통하나 IT에 대한 이해도 및 조예는 깊지 않다.

여기에서 프로젝트를 발주하는 입장과 프로젝트를 수행하는 입장에서 큰 시각 차이가 발생한다.

우선 프로젝트를 수행하는 입장에서는 납기와 손익과 품질목표를 달성하기가 정말 어렵다. 그래서 이 목표를 달성하기 위하여 온 신경과 정성을 기울인다. 그러나 발주자의 입장은 이 부분은 당연한 것이고 그 이상의 무언가를 원한다.

그럼 프로젝트를 하면서 발주자는 무엇을 원하는가?
　　1) 프로젝트를 하면서 조직에 홍보가 되길 원한다. 착수보고에 많은 인력들이 오기를 원하고 윗분들이 참석하기를 바란다.
　　2) 프로젝트를 진행하는 동안 일체 잡음이 생기는 걸 원치 않는다. 충실한 주간보고와 월간보고 향후 감사에 지적사항이 나올만한 일체의 것에 대한 준비가 되어 있기를 바란다.
　　3) 대부분 발주자는 그 조직을 대표해서 프로젝트를 관리 감독하는 것이

고 그 감독관 뒤에는 수많은 이슈메이커들이 자리 잡고 있다. 즉 프로젝트가 진행되다가 수많은 이슈들이 발생되고 이 이슈들은 프로젝트의 변경으로 도출된다. 이때 프로젝트 PM의 입장에선 대부분 반발을 할 수밖에 없다. 경험이 많은 감독관들은 프로젝트 초기 이런 부분들을 염두에 두고 기선을 제압하는 경우가 많고 대부분 용역업체는 기선을 제압당할 수밖에 없다. 결론은 철저하게 용역업체를 자기 통제하에 두기를 바란다.

4) 프로젝트를 수행함에 있어 감독관의 경우 다양한 부수적인 업무가 발생된다. 실상 온전하게 프로젝트를 관리 감독하는 경우는 드물고 대부분 본인의 업무도 수행하면서 추가로 프로젝트 관리를 하는 경우가 대부분인데 이때 용역업체가 부수적인 행정 및 보고업무의 많은 부분을 담당해 주었으면 하는 바람이 있다. 프로젝트 수행 관점에서 정말 부담스러운 부분이다.

5) 프로젝트를 진행하면서 최대한 조직의 성과에 도움이 되는 방향으로 프로젝트를 몰아간다. 조직의 성과에 기여하면 자신의 성과에도 큰 도움이 되고 이런 부분들은 연말에 성과평가로도 이어진다.

핵심은 프로젝트를 발주한 사람의 입장에서 프로젝트 결과를 가지고 성과를 내는 것은 당연하고 프로젝트를 진행하는 도중에도 보이지 않는 유무형의 성과를 내고 싶어 한다. 그러나 용역의 입장에선 이 부분을 간과하게 된다.

이 부분이 가장 큰 시각 차이 인 것 같다. 이 갭을 줄이기 위하여 수 없이 많은 트러블이 생긴다. 항상 양보만 할 수 없고 PM 입장에선 무엇을 주고 무엇을 받을지 진지하게 고민해야 한다.

변경요청에 대응하는
PM의 자세

프로젝트를 진행하면서 혹시 고객에게 우선순위를 물어본 적이 있는가?

프로젝트 WBS를 작성하면서 모든 Task의 중요도를 1/n로 작성해서 관리하는가?

고객에게 물어보면 분명 일의 중요도에 대하여 상세하게 알려줄 것이다. 그러나 그것의 명확한 근거를 적시할 수 있다면 관리를 해도 되지만 그렇지 않다면 중요도를 관리할 방법이 없다.

그러나 중요도 또는 우선순위는 필히 관리가 되어야 하고 규정이 정의되어야 한다. 그게 어려우면 그냥 1/n으로라도 정의가 되어져야 한다. 그럼 중요도 또는 기능의 우선순위는 어떻게 관리되어져야 하는가?

중요도를 관리할 수 있는 경우는 다음과 같다.

고객이 프로젝트의 예산을 받기 위하여 사업계획서와 산출내역서를 작성한다. 산출내역서는 기능점수로 되어 있고 그 기능점수를 분석하면 일의 중요도를 분류해 낼 수 있다. 기능점수의 개발 FP별 금액이 높은 것은 당연히 중요한 일이고 그 금액의 비중별로 중요도를 관리하면 된다.

그럼 처음 고객과 업무분석 및 요구사항 분석을 할 경우 다음과 같은 사항들을 크로스체크 하여야 한다.
1. 고객이 그 업무의 모든 것을 책임지는지
2. 고객 위에 팀장이 그 업무를 책임지는지
3. 고객이 하는 업무가 조직 내 타 부서와 연계처리 되는지
4. 고객의 업무가 그 조직 위의 상위조직 업무를 대행하는지
5. 고객의 업무가 대민서비스로 예를 들어 민원 업무를 수행하는지

그리고 별도로 수행하는 프로젝트가 감독관의 KPI, 팀의 KPI, 조직(회사)의 KPI와 얼마만큼 연관성이 있는지도 분석하여야 한다.

대략 이 정도의 분류를 잡을 수 있을 것이다.

업무를 분석 설계할 경우 위의 5가지와 KPI(또는 경영평가자료)의 연관성을 함께 놓고 분석 설계하면 업무추진 및 구현에 있어서 명확하게 일의 우선순위가 눈에 가시화된다.

그러면 고객의 변경요청에 합리적인 대응이 가능하다. 그리고 검수

시에 중요한 업무는 제대로 구현하고 중요도가 낮은 경우에는 어느 정도 적당한 수준에서 합의가 되게 된다. 그리고 그렇게 검수가 되는 경우가 많다. 고객 입장에서도 중요한 부분만 중점적으로 보고 사족 같은 기능들은 그냥 넘어갈 수밖에 없다. 이 부분은 PM이 실제 RFP를 작성하게 되면 이 말의 의미를 이해할 수 있을 것이다.

모든 일을 똑같은 수준에서 똑같은 노력으로 프로젝트를 수행하는 것도 어떻게 보면 조금 비효율적인 일임이 분명하다.

고객이 급하게 변경요청을 할 경우 위의 경우를 대입해 보면 충분한 답을 얻을 수 있을 것이다.

─── 내일부터 PM이 ───
되어야 한다

팀원관리의 기본

프로젝트를 책임지는 PM이 힘든 것은 정말 프로젝트와 관련된 모든 것을 책임져야 된다는 것이다.

프로젝트 관리, 고객관리 그리고 그다음이 바로 팀원관리다.

프로젝트 팀원은 우선 PL 그리고 각 영역별 담당자로 구성되고 성격상 사업관리, 개발자, 기획자, 디자이너, 인프라 전문가, 보안전문가 등으로 구성되어 질 것이다. 프로젝트 규모가 크면 업무 전문가들도 투입이 될 것이다.

이 부분은 인력구성과 구성인력에 따라 천차만별이라 보편화하기는 힘들겠지만 개인 경험에 비추어서 몇 가지 정리를 하면 다음과 같다.

1. PL 및 믿을만한 팀원을 제외하고 고객과 접점을 만들지 않는다.

우선 처음 고객과 인터뷰를 하게 되면 정말 다양한 요구사항을 던지게 된다. 이런 부분들을 PM이 정리하지 않고 바로 팀원들과 같이 공유하게 되면 사업 초기부터 큰 혼란을 초래하게 된다.

2. 완벽한 RFP의 암기와 더불어 일정에 대한 명확한 암기가 필요하다. 이 부분은 정말 기본적인 부분인데 참 안 지켜지는 일 중 하나다. 내가 개발자니깐 내 담당 부분의 RFP만 이해하면 된다라는 사고방식을 대다수 가지고 있고 실제 많은 참여인력들이 정말 RFP에 대한 숙지가 안 되어 있다. 예를 들면 드라마를 찍을 때 상대 배우의 대사를 모르고 내 대사만 암기해서 전체 흐름을 이해 못하는 그런 우를 범하는 케이스가 다반사다. 모든 프로젝트 참여인력들이 RFP에 대한 암기를 통해 내가 해야 할 일과 협업을 해야 할 일 그리고 언제까지 해야할 일에 대하여 이해가 아닌 암기가 되어 있어야 한다. 이게 프로젝트 분석단계에서 PM이 팀원들에게 정말 수시로 강조를 해야 하는 첫 업무이다. 그리고 이 부분이 선행되어야 원활하게 주간보고 및 월간보고가 이루어질 수 있다.

3. 팀원들 간의 단합과 협업을 위하여 별도의 관리방안을 가지고 간다. 뛰어난 인적자원관리 역량은 프로젝트의 성공적인 수행을 위하여 필수적인 핵심요건이다. 우선 팀원들의 말을 경청해야 하고 팀원을 신뢰해야 한다. 그리고 명확하게 PM이 모든 책임을 진다라고 공표해야 한다.

프로젝트에는 많은 문제가 생긴다. 이 문제가 생길 때마다 잘잘못을 따진다면 그 프로젝트 구성원들 간의 단합은 아마도 쉽지 않을 것이다.

긴 프로젝트의 작은 동기유발 요소를 만든다.

보통 프로젝트는 몇 달 길게는 2~3년을 하는 경우가 다반사다. 착수보고 회식하고 종료보고 회식한다고 하면 팀원의 단합 또는 PM의 리더십은 물 건너간 거나 다름없다. 그러나 이렇게 하려면 프로젝트 초기 회식비를 충분히 잡아놓아야 한다.

—— 내일부터 PM이 ——
되어야 한다

사업관리의 중요성

프로젝트는 혼자 하는 게 아니다. 팀원들이 함께하지만 그중에서 사업관리의 역할은 정말 중요하다.

우선 사업관리가 해야 하는 핵심역할을 정리하면 아래와 같다.

1. 프로젝트의 각종 보고를 챙긴다.
2. 프로젝트 관련 지출 및 비용을 관리한다.
3. 프로젝트의 선금, 기성, 잔금을 챙긴다.

부수적인 업무로 아래의 업무도 함께 수행할 경우 정말 큰 도움이 된다.

1. 각 단계별 산출물을 챙긴다.
2. 감리를 대응한다.

3. 고객이 요청하는 프로젝트와 연관성이 없는 업무를 담당한다.

프로젝트의 규모에 따라 PM이 사업관리를 병행하거나 또는 PL이 사업관리를 병행하는 경우가 있는데 여건상 가능하다면 사업관리를 별도로 운용하기를 바란다.

실제 PM은 개발을 담당했던 PL이 되기보다 사업관리를 많이 했던 인력들이 PM이 되는 경우가 더 많다. 사업관리는 PM으로 가는 전 단계로 보면 된다.

사업관리의 핵심역할은 PM과 PL 그리고 팀원들이 온전하게 개발업무에 집중할 수 있게 주변 업무를 정리하고 관리하는 데 있다.
숙련된 사업관리가 있으면 프로젝트 전체에 정말 큰 도움이 된다.

커뮤니케이션의 어려움

커뮤니케이션은 정말 어렵다. 특히 상대의 요구사항을 100% 이해하고 구현하는 것은 낙타가 바늘구멍 통과하기만큼 어렵다.

사실 PM 업무의 거의 대부분이 이 커뮤니케이션을 하는 데 소요된다. 말 한마디로 천 냥 빚을 갚을 수도 있고 말 한마디로 원수질 수도 있다.

서로 대화를 통해서 요구사항을 이해한다. 아주 이상적이지만 솔직히 기억력의 한계로 많은 것을 놓치게 된다.

상식적이지만 고객의 첫 요구사항 접수 후 문서로 고객 확인을 거치고 또 회의록으로 공유 및 배포를 하여야 한다.

커뮤니케이션은 꼭 회의실에서만 이루어지는 게 아니다. 복도에서도 거리에서도 식사 중에도 다양한 요구사항이 도출되고 지시사항이

내려오게 된다. 모든 지시사항은 정확하게 정리되기 위하여 문서와 회의록으로 분명하게 작성되어져야 한다.

회의록은 무엇을 담아야 하는가?

우선 장소와 시간 그리고 참여자 또 하나는 회의 주제 마지막으로 과업에 영향을 미치는 요구사항에 대한 배경과 구체적인 요구사항 그리고 의사결정 사항 등을 담아야 한다.

굳이 회의록에 많은 내용을 담을 필요 없고 정말 핵심만 다루어야 하고 필히 이해당사자들의 확인을 받아야 한다.

회의 주제가 정해지면 구두로 회의하기보다 회의 주제에 맞는 문서를 만들어서 회의하기를 권유한다. 그 회의에는 고객도 PM도 개발자도 기획자도 디자이너도 정말 많은 이해당사자들이 참여한다. 그들 모두 자기만의 시각으로 그 주제를 바라보고 주관적으로 판단한다. 그 차이를 줄일 수 있는 가장 중요한 포인트가 주제를 문서화해서 회의자료로 활용하는 것이다.

이 회의 때 문서화되지 않을 경우 협업업무나 업무분장 또는 지시사항 이행 등 많은 부분에 있어서 향후 큰 문제의 발화점이 될 수도 있다.

향후 회의록이 책임소재를 가릴 때 큰 역할을 한다.

사적인 자리나 식사시간에 나눈 업무 이야기도 회의록으로 남겨놓아야 한다. 특히 변경에 관한 내용은 꼭 문서화시키고 확인받는 것을 생활화하여야 한다.

그러나 문서화나 회의록 작성 등을 해놓아도 대부분의 고객은 사인을 잘 하지 않는다. 그럴 경우 회의 처음부터 양해를 구하고 녹취를 하는 방법도 있다.

한번 만들어진 문서는 2차 3차 회의의 연장선상에서 더 다듬어질 것이고 이는 향후 완성도 높은 산출물로 만들어질 것이다.

함께 보면 좋은 자료

제목 : 정보시스템 구축 · 운영지침

제공 : 행정안전부

출처 : 법령정보시스템에서 검색

본문 중에서…

행정기관 등의 장이 정보시스템을 구축 · 운영함에 있어서 준수해야 할 기준, 표준 및 절차와 같은 법 제49조제1항에 따른 상호운용성 기술평가에 관한 사항을 정함을 목적으로 한다.

이 지침에서 사용하는 용어의 정의는 다음과 같다.

1. "사업계획서"란 정보화사업을 추진하기 위해 사업개요, 대상업무현황, 사업추진계획, 사업내용, 소요예산 등을 구체화한 문서를 말한다.

2. "정보화사업"이란 「전자정부법」(이하 "법"이라 한다) 제2조제13호

의 규정에 따른 정보시스템을 기획·구축·운영·유지보수 하기 위한 사업을 말한다.

4. "제안요청서"란 행정기관 등의 장이 입찰에 참가하고자 하는 자에게 제안서의 제출을 요청하기 위하여 교부하는 서류를 말한다.

5. "제안서"란 입찰에 참가하고자 하는 자가 제안요청서 또는 입찰공고에 따라 작성하여 행정기관 등의 장에게 제출하는 서류를 말한다.

6. "하도급"이란 도급받은 소프트웨어사업의 전부 또는 일부를 도급하기 위하여 수급인이 제3자와 체결하는 계약을 말하며, 하도급받은 사업을 재하도급하는 경우를 포함한다.

8. "유지보수"란 사업자에게 용역을 주어 정보시스템을 유지보수 하며, 정보시스템 개발·구축 완료 후 기능변경, 추가, 보완, 폐기, 사용방법의 개선, 문서 보완 등의 정보시스템 개선에 필요한 제반활동을 의미한다. 단, 하자보수기간 경과 후에 발견된 정보시스템의 결함에 대한 보수도 포함한다.

9. "운영"이란 개발 완료 후, 인도된 정보시스템에 대해 유지보수를 제외한 운영 기획 및 관리, 모니터링, 테스트, 사용자지원을 포함한 정보시스템의 정상적 운영에 필요한 제반활동을 의미한다.

JEO
M

생텍쥐페리
—
"사막을 더 아름답게 만드는 것은 그 속 어딘가에 오아시스가 있기 때문이다."

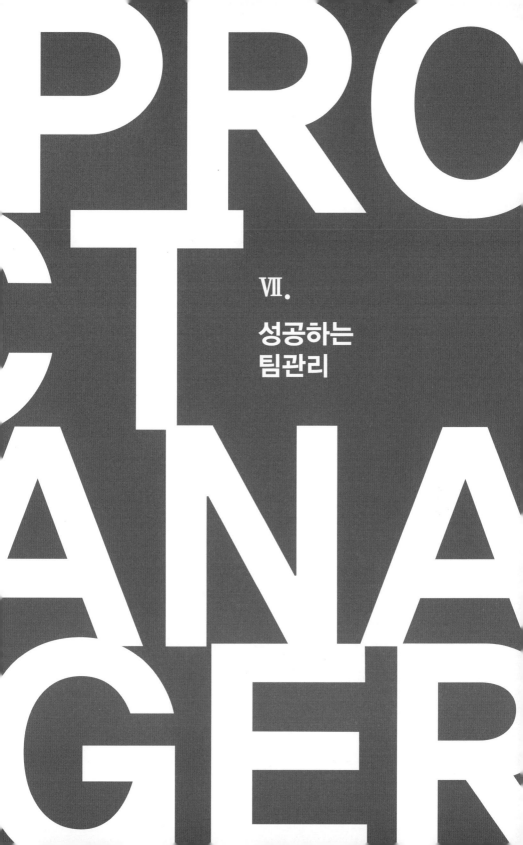

VII.

성공하는
팀관리

─── 내일부터 PM이 ───
되어야 한다

프로젝트팀 빌딩

이 책은 새롭게 프로젝트를 담당하게 된 초보 PM에게 도움이 될만한 이야기들로 구성이 되어 있다. 그러나 프로젝트는 혼자 하는 게 아니라 팀으로 움직인다. 그러면 PM은 어떻게 팀을 구성하고 어떻게 팀을 관리해 나가면서 프로젝트를 성공적으로 이끌어나가야 하는지를 본 장에서 정리하고자 한다.

공공SI사업의 RFP를 보면 PM의 경력을 강제해 놓는 경우가 자주 보인다. 특히 ODA사업(공적개발원조사업)이나 금융개발사업의 경우가 그런 경우가 많다. 좀 더 예를 들면 이런 거다.

특정 프로젝트의 PM을 하기 위해 그 도메인의 개발 경력이 있어야 하고, 그 개발업무와 관련하여 몇 년 이상의 경력이 필요하다. 그러면 두 가지의 경우가 생긴다.

첫 번째로 내가 PM인데 개발업무와 기획업무 등에도 직접 관여를 하여야 하나?

둘째로 일 잘하는 PM을 고르기 힘든데, 아니 내 업무 분야에는 일이 많지 않은데 나는 계속 내 도메인에서만 프로젝트를 해야 하나?

그럼 PM은 프로젝트를 감독만 하고 사업을 관리하는 역할만 수행하여야 하는지 아니면 실제 프로젝트의 세부 요소들을 모두 참여하여서 직접 수행을 하여야 하는 건지, 우선 몇 가지로 그 물음에 대한 답을 정할 수 있을 것 같다.

첫째 프로젝트이 규모가 작은 경우다. 프로젝트에 충분한 인력을 투입할 수 없을 정도의 작은 규모의 프로젝트가 많다. 그럴 경우에는 프로젝트에 PM이 직접 투입되어서 많은 일을 하는 게 맞다. 특히 PM이 사업관리의 역할 정도는 함께하는 게 맞고, 초기 업무분석과 기획 정도는 PM이 함께하여도 문제가 없지만 개발까지 참여하는 것은 본연의 업무에 집중하지 못하는 우를 범할 수 있어 지양 하는 게 맞는 것 같다.

둘째 PL들이 각 영역별로 업무를 담당하는 경우에는 직접 프로젝트에 관여하는 것은 옳지 않다. 각 파트리더들에게 업무를 일임하고 중간에서 관리하는 역할을 담당하여야지 직접 PL들과 함께 프로젝트를 수행하는 것은 바람직하지 않다.

PM은 프로젝트의 미션을 달성하기 위하여 전략을 수립하고 세부적으로 일정과 리스크를 통제하며 고객을 관리하고 업무범위를 확정하고 관리하는 역할이 주 임무이다.

혹시나 회사에서 PM과 PL 또는 개발업무나 기획업무까지 담당하라고 하면 정중하게 거절하고 추가 리소스를 더 투입하는 방안을 찾는 게 현명하다.

다음으로 프로젝트 PM이 그 도메인을 몰라도 프로젝트 수행이 가능할까?

우선 프로젝트 PM은 신입을 투입하지 않는다. 최소한 SI에서 몇 년 동안 필드 경험이 있는 베테랑 경력자를 프로젝트 PM으로 투입한다. 공공경험이 있는 프로젝트 PM인 경우는 특정 도메인에 상관없이 어느 정도 프로젝트를 무리 없이 잘 이끌어나간다. 그러나 예를 들면 개발PM을 인프라PM에 또는 인프라PM을 보안PM에 활용하는 경우에는 무리가 있을 수 있다. 또 공공PM을 금융사업에 투입하는 경우에는 정말 문제가 많이 될 수 있다.

웬만하면 PM이 최대의 퍼포먼스를 발휘할 수 있는 사업에 투입하는 게 본인과 회사 입장에서 이득이 되며 불가피한 경우에는 그 업을 잘 아는 PL을 함께 투입하거나 아니면 회사에서 특별히 사업의 관리에 신경을 써야 한다.

PM은 온전하게 프로젝트에 집중하여도 실패확률이 높다. PM이 가장 잘 싸울 수 있는 환경을 만들어주는 게 결국 회사의 가장 중요한 역할이기도 하다.

함께 보면 좋은 자료

제목 : 정보화전략계획수립 공통가이드

제공 : 한국지능정보사회진흥원(NIA)

출처 : NIA 홈페이지 검색

본문 중에서…

그간, ISP의 형식적 수립과 이에 따른 정보시스템 신규 구축·운영

사업 부실화 등 정보화사업 전반에 대한 문제가 제기, 특히, 기존

정보시스템 재활용 미흡, 중복구축 사업추진 등 사업계획단계에서

사전 차단할 수 있는 예산 낭비 요인 발생, ISP 수립 절차 및 제도의

정립을 통한 정보화사업 계획단계의 내실화 및 정보화 분야 재정

투자관리 효율화 방안 마련 필요, ISP 수립 단계별로 각 중앙관서가

준수해야 하는 공통사항과 ISP 기본요건을 규정하여 정보화예산 편

성·집행의 내실화 도모를 위하여 가이드 수립

본 가이드는 정보시스템 구축·재구축사업을 추진하기 위

해 ISP를 수립하고자 하는 중앙관서 '사업담당자'를 위한 것으

로, ISP 수립 시 각 단계별로 수행해야 하는 기본사항을 정의하

고, ISP 산출물에 대한 사전 검토를 준비하기 위해 활용 가능

1단계 : ISP 수립 요구단계

2단계 : ISP 수행단계

3단계 : ISP 산출물 검토단계

ISP를 수립하는 '사업자'도 ISP 산출물에 대한 자체 품질점검을 위해

본 가이드를 활용 가능

PROJECT MANAGER

팀은 언제 만들어지나

공공프로젝트의 우선협상이 잘 끝나고 계약을 한 후 본격적으로 프로젝트를 시작하여야 한다. 그럼 이미 팀이 잘 구성이 되어서 투입만 되면 되겠다고 생각하겠지만 대부분은 그렇지 않다. 수주업체 내부인력으로 팀이 만들어진다면 금상첨화겠지만 그렇지 않은 경우가 대부분이고 컨소시엄업체 인력과 하도급업체 인력으로 팀이 세팅된다.

처음부터 프로젝트 관련 모든 인력들이 자리를 잡고 투입될 수는 없다.

사업 발주기관 내부에서 프로젝트를 하는 경우 투입인력들의 신원조회를 하는 경우가 있고, 혹은 별도의 출입증을 발급받아야 하는 경우가 많다. 길게는 몇 주가 걸리는 일들이다.

그리고 기관 내부에서 개발환경을 구성하거나 아니면 기관에서 제공하는 가상 PC를 제공받는 경우 등을 고려하면 계약 후 통상 2주에서 4주까지는 팀이 한자리에 모일 수가 없을 것이다.

그 사이 PM이 하여야 하는 일들을 정리하면 아래와 같다.

우선협상 시에 고객과 제안서에 명기되었던 인력의 변경 가능 여부를 확인한다. 원칙적으로 같은 등급이면 인력의 교체가 가능하나, 일부 기관에서는 인력 교체가 불가능한 경우도 있다.

참고로 프로젝트 수행 중 인력을 교체할 경우에는 같은 등급의 인력으로 2주 또는 4주 정도 공동근무를 통한 인수인계 기간을 가져야 한다.

투입인력을 교체할 경우 우선 프로젝트 수행이력을 꼼꼼히 살펴보고 가능하다면 직접 인터뷰를 통하여 수행해야 할 프로젝트와 유사 프로젝트 경험이 실제 있는지 확인해야 하고, 본인이 본 프로젝트에서 일을 하고 싶은지를 실제 파악하는 것이 중요하다. 마지막으로 허위 프로젝트 수행 경험이 있는지도 필요하다면 살펴봐야 한다. 특히 PL이면 이 부분을 꼭 확인해 보길 바란다.

팀의 핵심인 인력구성이 마무리되면 짧으면 몇 달 길면 2~3년을 함께 일할 구성원들을 위한 팀의 규칙을 만들어야 한다. 대부분 이런 부분을 간과하게 되는데 모두 지켜야 할 핵심 가이드는 꼭 필요하다. 특히 주 52시간을 준수하여야 하기에 이 부분은 꼭 챙기고 넘어가야 한다. 별도로 출퇴근 명부를 만들어서 출근시간과 퇴근시간을 꼭 명기하여야 한다.

자리 배치는 PL들과 협의하여 결정하면 되는데 팀 간 협업이 많은 Part는 근접거리에 자리를 잡아주는 것이 커뮤니케이션에 유리하다.

공통적인 일과는 사전에 결정하여야 한다. 대부분 주간보고 시간이나 내부 회의시간 등은 사전에 공지하고 상벌에 대한 규정을 만드는 것도 고려해 볼 필요가 있다. 특히 지각에 대한 벌과 출퇴근시간이 많이 걸리는 팀원을 위하여 특히 출근시간을 차등적으로 적용하는 것도 필요하다.

처음부터 함께 모두 모여 동시에 프로젝트를 수행한다고 하면 큰 문제는 없으나 프로젝트 중간에 투입되는 팀이 있다면 여러 가지 신경 써야 할 문제들이 많이 생긴다. 특히 먼저 들어온 팀이 후행 팀원에게 업무를 인계할 경우 PM의 디테일한 관리가 필요하고, 후행 투입인력들의 빠른 적용을 위하여 기존 인력들과의 스킨십을 넓힐 수 있는 다양한 이벤트가 있으면 후행 팀원들의 빠른 적응을 도울 수 있을 것이다. 시간적 여유가 있다면 후행 팀원들도 주 1회 정도 프로젝트팀에 방문하는 것도 프로젝트 적응에 큰 도움이 될 수 있다.

프로젝트 PM이 뭐 이런 것까지 관리를 하냐라고 말하는 사람도 있을 수 있으나 결국 프로젝트는 사람이 하는 것이고 프로젝트 수행팀도 결국 작은 사회이고 프로젝트 수행팀이 가장 큰 시너지를 낼 수 있게 하는 것도 PM의 핵심역할 중 하나이다.

PROJECT MANAGER

—— 내일부터 PM이 ——
되어야 한다

한 팀 만들기

우여곡절 끝에 팀이 한자리에 모였다. 우선 착수보고 전까지 팀 세
팅과 관련하여 PM이 해야 할 일들은 아래와 같다.

RFP와 제안서 그리고 우선협상서를 놓고 각 업체별 또는 각 팀별
정확한 업무분장을 하여야 한다. 모든 개발사업이 그러하듯이 칼로 무
자르듯이 업무가 딱딱 끊어지는 게 아니다. 거의 대부분 업무가 비빔
밥처럼 서로 갈라내기 힘들 정도로 섞여 있다고 보면 된다. 이럴 때 어
떻게 일을 나누고 분배할지 그리고 어디까지가 누가 담당하고 누가 책
임지는지가 디테일하게 정의가 되어 있어야 한다.

업무분장의 연장선상으로 WBS가 나와줘야 한다.

서로 업무분장이 끝나면 각 업무 단위 Task를 분류하고 세부 일정
과 투입 리소스가 정리가 되어야 한다.

각 업체별 또는 팀별로 단일 Task의 연장선상에서 앞쪽의 기획은 기획팀에서, 중간의 UI는 디자인팀에서, 개발은 개발팀 그리고 QA 등등이 순차적으로 배치가 된다. 이때 정확하게 일정계획이 수립되지 않으면 전체 일정에 영향을 미치게 되고 각 팀별 일정에도 영향을 끼치게 된다.

세부적으로 팀에서 통용되는 용어가 정의되어야 한다. 서로 오랫동안 호흡을 맞추어온 팀 같은 경우에는 필요 없지만 새롭게 팀을 세팅하는 경우에는 좀 번거롭더라도 서로가 사용하는 용어의 정의와 범위에 대하여 서로 확인하고 넘어갈 필요가 있다. 특히 전문성이 있는 언어들이나 개발언어들 그리고 대화 때 사이사이 사용하는 영어단어들도 모르면 한 번씩 확인해 보는 회의문화가 갖추어져야 한다.

프로젝트 기간 동안 사용할 공통 요소들을 정의해야 한다.
제일 먼저 각 팀들이 모여서 아키텍처를 함께 그려야 한다. 애플리케이션 아키텍처, 시스템 아키텍처, 인프라 아키텍처, 논리 구성도와 물리 구성도는 함께 작업하고 모두 검토하여야 한다.

그 외 세부적으로 중대한 의사결정에 대한 협의 방법과 의사결정 방법 그리고 고객미팅 때 참석할 주요 인원에 대한 사전 정의, 정기 회식 일정 그리고 사무실 청결유지 방법과 개발실 내 집기 및 기타 비용은 어떻게 분배할지 등 프로젝트가 끝날 때까지 통용되는 사무실 내부의 룰이 정의가 되어야 하고 합의가 되어야 한다.

PM은 프로젝트만 관리하는 게 아니라 전체 팀원들도 함께 관리를 하여야 한다.

SI 프로젝트에서 남는 리소스는 없다. 항상 부족한 리소스를 가지고 최대의 퍼포먼스를 내야 하는 게 프로젝트이다. 한 명의 팀원도 소중하고 정말 중요하다. 팀원 한 명이 제 역할을 못하면 팀 전체에 그 영향을 미치게 된다.

PM의 프로젝트 리스크 관리요소에 팀원관리는 제일 상위에서 관리되어야 한다.

PROJECT MANAGER

—— 내일부터 PM이 ——
되어야 한다

프로젝트의 목표와
팀원들의 목표

프로젝트의 목표는 납기와 손익과 품질을 달성하는 것이다. 이 목표
는 PM의 목표이기도 하다.

그러면 프로젝트 팀원의 목표는 뭘까?

프로젝트를 수행하는 기간 동안에 팀원들은 어떤 목표로 프로젝트
에 참여를 할까? PM이 점쟁이도 아니고 직접 물어보면 된다. 물론 개
개인의 프로젝트 참여 동기와 목적은 모두 다를 것이다. 누구는 월급
때문에 누구는 개인의 역량을 높이기 위하여. PM은 팀원 모두의 목표
를 만족시킬 수 없다. 그러나 프로젝트를 성공적으로 수행하고 완료하
기 위하여 구성원 모두에게 프로젝트의 목표에 대하여 주지시켜야 되
고 프로젝트의 미션에 집중할 수 있는 환경을 만들어주어야 한다.

우선 납기와 손익과 품질을 중 무엇이 가장 중요한지를 정해야 한다. 아직까지 수많은 프로젝트를 수행하면서도 납기와 손익과 품질을 모두 만족시킨 프로젝트를 1번도 경험해 보지 못했다. 이 세 가지 중 하나에 집중해서 그 하나의 목표를 달성하는 것을 팀의 목표로 삼아야 한다.

다시 돌아와서 팀원들의 동기유발 요소를 들어보자 어느 팀원은 이 프로젝트를 통하여 새로운 개발경험을 쌓고 싶다고 하면 프로젝트 투입공수 100% 중 상대 팀원의 양해를 구해 80%는 프로젝트에 집중하고, 20%는 새로운 개발요소에 참여할 수 있는 기회를 줄 수도 있고, 야근 없이 워라밸을 지키고 싶은 팀원에게는 일정에 지장이 없는 한에서 철저하게 워라밸을 준수해 주되 일정이 밀릴 경우와 공동작업이 있을 경우 어떻게 하면 좋을지에 대하여 사전협의를 하여야 하고, 만약 일정을 미리 끝마친 경우에는 충분한 휴식과 여유시간을 줄 수도 있다. 그러나 이러한 부분들이 PM의 독단적인 의사결정이나 즉흥적으로 결정되면 안 되고 이 모든 것이 사전에 공감대가 형성되어 있어야 한다.

프로젝트 기간 중에 PM은 팀원들에게 안정적인 수행환경과 성장을 위한 도전과제를 주어야 하며, 팀원이 자유롭게 재량권을 가지고 일할 수 있는 팀 전체의 분위기와 공감대를 마련해 주어야 한다. 그러기 위하여서는 팀원들과 원활한 소통이 이루어져야 하며, 건설적인 피드백을 주어야 한다. 그중 가장 중요한 것이 소통이고 특히 보고가 아닌 인간적인 소통이고 문제나 리스크가 발생되었을 경우 모두 참여하여 공동의 문제로 인식하고 함께 문제 해결을 할 수 있게 열린 환경을 구성하는 게 가장 중요한 부분이다.

그러나 PM이 이 모든 환경을 다 구성한다는 게 현실적으로 어렵고, 경험이 많은 사업관리나 고참 PL이 이러한 환경 구성을 위하여 함께 노력해 주어야 한다.

한 팀으로 2~3번의 프로젝트를 하게 되다 보면 자연스럽게 이러한 환경들이 정착이 되지만 처음 팀을 빌딩 할 경우 이런 환경 구성을 위하여 정말 많은 노력을 하여야 한다.

그러면 처음 프로젝트를 시작하면서 이러한 환경을 구성하기 위하여 모든 구성원들이 참여하여 프로젝트의 목표와 세부 수행전략 그리고 팀원들이 지켜야 할 사항들과 인센티브와 페널티에 대하여 결정을 하고, 수시로 그 가이드를 개선하거나 변경하는 절차를 거쳐서 그 팀에 최적화된 가이드라인을 잡아가는 여정을 함께하는 것도 프로젝트 목표 달성을 위하여 해볼 만한 도전이다.

─── 내일부터 PM이 ───
되어야 한다

팀관리
(Human Resource Managemet)

과거에는 프로젝트를 하기 위한 인력구성이 어렵지 않았다. 몇 군데의 인력소싱업체에 전화를 하거나 구인광고를 내면 쉽게 인력을 소싱하고 프로젝트팀을 구성할 수 있었다. 그러나 지금은 인력을 구하는게 정말 하늘에 별 따기이고 그 인력을 유지하고 관리하는 것은 거의 불가능에 가까운 미션이 되어버렸다.

관리자가 된 지금 가장 어려운 게 사람을 구하고 그 사람을 유지하는 게 되어버렸다.

예전에는 프로젝트를 진행하고 관리하고 고객과 소통하는데 많은 시간을 보냈다고 하면, 지금은 HRM(Human Resource Managemet)이 오히려 프로젝트의 리스크 관리보다 더 중요한 요소가 되어버렸다.

그리고 그 인력의 대부분 나이대가 속칭 MZ(Millennials Generation으로

1981~2005년 출생한 세대)세대라 우리 세대와는 상당한 이질감이 있고 그런 세대들과 함께 일을 하게 됨에 따라 그 세대의 독특한 특성을 파악하고 그 특성에 최적화된 인적관리 기법에 대하여 고민을 해야 된다.

아울러 평소 가졌던 인적관리와 관련된 많은 고민들과 그 고민에 대한 나름 해법도 본 장에서 이야기해 볼까 한다.

우선 리더란 무엇일까?

프로젝트에서 리더는 PM이고 요즘은 PO란 용어도 많이 사용하는 것 같다.

프로젝트를 시작하면서 서로가 서로를 알아가는 충분한 시간이 있는 것도 아니고 출근 당일 날부터 바로 함께 일을 하는 경우가 다반사이다.

리더는 짧은 시간 안에 팀원을 파악하여야 하고, 팀원 또한 짧은 시간 안에 리더를 파악하여야 한다.

그러나 이게 말처럼 쉽지 않다라는 것은 모두가 알고 있을 것이다.

나는 가장 중요시 여기는 덕목을 리더의 도덕성이라고 생각한다.

인의예지신(仁義禮智信)… 우선 인자하고 의리가 있고 예의가 있고 지혜롭고 마지막으로 진실되어야 한다.

리더의 도덕성은 팀원들이 가장 쉽고 빠르게 리더의 성향을 파악할 수 있게 해주는 방법이다.

우선 인자해야 하고, 인자한 성향은 서로 간에 소통하는 데 가장 중요한 요소이다. 프로젝트에서 소통, 즉 커뮤니케이션이 가장 중요한 요소이고 서로 간에 격과 벽이 없이 소통이 되어야 한다.

두 번째, 의리가 있어야 한다. 의리는 잘못된 상황에 대한 부끄러움이고 불의에 대한 의사표현이다. 즉 잘못된 것을 잘못되었다고 말할 수 있는 용기이고 이해할 수 있는 관용이다.

예는 당연히 서로 상호 간의 존중이고, 무시하지 않는 마음이고 모두 존중받아야 하는 마음의 가짐이다.

지는 지혜로워야 하고 현명하고 합리적인 의사결정을 내릴 수 있어야 하고, 마지막으로 신은 서로 간에 신뢰 즉 팀워크이다.

서로 간에 인의예지신을 지킨다고 하면 사실 많은 부분에 있어서 서로 간에 예측 가능하고 이 예측 가능성은 많은 부분에 있어서 자율성과 권한을 형성할 수 있는 기본전제가 된다.

한 번에 쌓기는 어렵지만 이 인의예지신을 위하여 서로가 노력한다면 정말 훌륭하고 오래 지속될 수 있는 좋은 팀을 만드는 지름길일 것이다.

주니어와 시니어

프로젝트를 하면 주니어와 시니어가 함께 일을 하게 된다.

대부분 시니어 중심으로 프로젝트가 진행이 되겠지만 팀이란 게 존재하기 위해서 주니어의 역할과 능력도 무시할 순 없다.

간략하게 주니어와 시니어를 업무적인 관점에서 정리하면 다음과 같다.

주니어 때에는 일을 하면서 쌓아야 하고 시니어 때에 그 쌓아놓은 것을 사용하여야 한다.

주니어 때 일을 하면서 소모되면 안 되고 혼자 일을 시켜서도 안 된다.

업무를 하다 보면 항상 일정에 쫓기게 된다. 그러다 보면 시니어 팀원은 그 일정을 맞추기 위하여 열심히 진도를 나가게 되고, 같은 팀의 주니어는 시니어의 보호에 벗어나서 잠시 일이 없는 상태가 지속된다.

시니어는 일이 많아서 야근을 하는데 주니어 입장에서 일이 없는데 함께 야근을 하거나 아니면 시니어를 두고 정시 퇴근을 하지만 마음은 편치 않을 것이고 주니어는 곧 자신의 정체성에 혼란을 느끼게 될 것이다.

또는 시니어가 없이 주니어에게 무리한 일을 시키거나 혼자서 무리한 업무를 배당해서 프로젝트 자체를 망가트리거나 주니어 자체를 번아웃에 빠지게 하여 결국 퇴사에 이르게 하는 경우를 많이 보게 된다.

여기서 리더의 역할이 중요하다.

일단 시니어의 입장에서 일정상 충분히 주니어와 협업할 수 있는 시간적 여유와 업무의 경중을 가려서 시니어와 주니어가 함께 협력할 수 있는 Task와 시간배분을 해주어야 한다.

그러려면 리더가 업무를 알아야 한다. 업무를 모른다면 리더와 시니어와 주니어와 함께 충분한 협의를 거쳐서 서로가 만족하는 황금률을 찾아주어야 한다.

시니어의 가장 나쁜 태도가 '주니어를 가르치는 시간에 내가 하는 게 더 빠르겠다'라는 생각이다. 이 생각은 시니어를 야근에 늪에 빠트리고 주니어에게 근로의지를 빼앗을 것이다.

사실 이 문제는 쉽게 정리하기 어려운 문제이다. 업무특성을 우선적으로 고려하여야 하고, 각 팀원들의 성향과 능력도 리더가 파악을 하고 있어야 한다. 당장 그 업무가 시니어에게도 벅찰 수도 있기 때문이다.

이 문제를 해결하기 위하여 몇 가지 예시를 두면 다음과 같다.

우선 분석과 설계작업을 함께 해야 한다. 주니어와 시니어가 함께 일을 하다 보면 자연히 업무에 대한 분석과 판단이 가능할 것이고 서로 간에 자연스럽게 업무분장이 되게 된다. 그러나 시니어가 분석 설계를 다 하고 그다음 지시를 시니어가 주니어에게 하면 역시 위와 같은 악순환이 반복되게 된다.

두 번째, 주니어와 주니어를 함께 스터디나 자료조사를 시킨다. 그리고 시니어가 그 결과를 잡아주고 관리를 하면 된다.

세 번째, 시니어가 하는 같은 일을 동일하게 주니어에게 시켜본다. Task가 마무리되고 주니어의 입장에서 자신이 한 작업물과 시니어가 한 작업물을 비교해 보는 것도 주니어 입장에선 큰 학습이 된다.

네 번째로 시니어가 주니어에게 일을 시킬 때 단순하게 반복 업무만 시키는 게 아니라 미션식의 업무를 지시하고 그 미션에 대한 설명과 해결방안을 제시해 주는 방법도 효과가 좋다. 많은 것을 가르치기 어려우면 그 업무에 1~2개의 미션을 심어서 지시하는 것도 무척 효과적이다.

끝으로 주니어의 자존감을 살려주는 것이다. 주니어는 당연히 미숙할 수밖에 없고 업무에 대한 두려움이 항상 존재한다. 조금만 관심이 있다면 뒤에서 주니어의 모니터만 보아도 주니어의 상태가 파악이 될 것이다. 그리고 주니어의 작업물에 대한 품질도 당연히 낮을 것이다.

그러나 이 모든 것이 과정이지 결과로 판단하면 안 된다.
주니어의 결과물을 보고 수정이나 퀄리티 업을 위한 조언은 가능한데 그 결과물을 보고 절대 비하하면 안 된다. 그리고 구체적인 지시 없이 처음부터 다시 하라고 업무 지시하는 행동은 절대 해서는 안 된다.
그리고 시간 때우기 식의 일을 지시하여서도 안 된다. 주니어가 모를 것 같지만 다 안다. 이게 의미가 있는 일인지, 없는 일인지를 말이다.

리더나 시니어의 입장에서 번거롭더라도 빨간 펜을 준비해서 업무 결과물을 하나하나 봐주고 가이드를 해주어야 한다. 그리고 잘한 부분에 대하여서는 칭찬과 부족한 부분에 대하여서는 보완을 지시하면 된다. 절대 비하와 질타를 하면 안 된다. 팀원도 주니어도 나이가 어리더라도 결국 동등한 인격체이기 때문이다.
그리고 실수를 하더라도 실수를 한 주니어의 잘못보다 실수를 반복적으로 하지 않게 하는 시니어와 리더의 합리적인 역할이 필요하다.

끝으로 주니어는 정말 잘해줘도 나간다.
못해주면 그보다 더 빨리 나간다…. 이건 진리다.

―― 내일부터 PM이 ――
되어야 한다

오너(Owener)

리더는 밑으로는 팀원을 위로는 오너를 모시고 있다.

여기에서 오너는 실제 회사의 대표이사일 수도 있고 아니면 회사의
C-Level, 즉 임원일 수도 있겠다.

조직관리에서 오너와 임원이 왜 나올까라는 의문이 들 수도 있겠지
만 팀원들은 리더 또는 팀장만 바라보는 게 아니라 임원과 대표의 리
더십과 회사의 비전을 상당히 중요한 시각으로 바라보기도 한다.

대부분 이직하는 팀원들의 퇴사 사유 중 상당 부분을 회사의 비전이
없어서 이직한다고 이야기하고 퇴사한다. 실제 사회생활을 막 시작한
신입이 6개월 만에 퇴직을 하면서 회사의 비전이 없어서 나간다고 이
야기하고 퇴사한 경우도 봤다. 당시에는 무척 황당했다. 그러나 실제

통계를 보면 상사와 대표에 대한 불만으로 퇴사하는 경우가 1~2위를 차지하고 있다. 그만큼 오너와 임원의 태도와 경영마인드가 실제 조직을 유지하고 운영하는 데 상당히 큰 비중을 차지하고 있다.

직장인 퇴사의 비율 중 가장 큰 요인이 상사와 대표에 대한 불만과 급여에 대한 불만족이 가장 큰 원인이다.

리더의 입장에서 오너 또는 상급 임원과의 관계는 상당히 어렵고 또 어떻게 할 수 없는 부분이라고 생각할 수 있다. 그러나 직원 퇴사 이유 중 가장 큰 이유가 오너의 리더십이다. 즉 오너에 대한 불만이다.

그러면 리더는 어떻게 해야 하는가?

회사에는 수많은 조직이 있다. 수많은 팀들이 있고, 리더는 아마도 1개의 조직을 담당하고 있을 것이다.

SI나 ITO 프로젝트팀일 경우 사실 재무적 성과를 보이기가 현실적으로 힘이 든다. 물론 제품이나 서비스를 개발하는 PO일 경우에는 그나마 PM보다는 상황이 유리할 것 같다.

처음 팀이 세팅되거나 프로젝트에 들어가기 직전 오너와 협의를 통하여 미션, 즉 목표와 상세 KPI를 결정하여야 한다. 구체적으로 팀이 프로젝트를 통하여 지켜야 하는 목표와 그 목표를 달성했을 경우에 어떤 인센티브가 있는지가 구체적이고 명시적으로 도출이 되어야 한다.

그리고 또 하나 중요한 것은 팀과 팀 간의 평가이다. 상대적으로 개발은 그 업무강도가 일반 관리직보다는 높다. 팀과 팀이 그 성과를 고려하지 않고 획일적으로 평가받는다는 것도 실제 고생하는 팀원들 입장에선 불만족스러운 부분으로 비칠 수 있다. 즉 미션을 달성했을 경우 그 팀이 타 팀보다 좋은 평가를 받을 수 있게 사전에 오너와 충분한 논의가 이루어져야 한다.

그 논의 결과를 가지고 프로젝트 종료 시나 연말에 연봉협상이나 인센티브에 대한 배분이 이루어져야 한다. 이 부분은 리더의 입장이나 팀원의 입장 모두 같은 생각일 것이다. 고생한 만큼, 노력한 만큼 합리성과 형평성 안에서 그 대가를 받아야 하고 이게 이루어지지 않는 경우 대부분 이직을 생각하게 된다.

두 번째로 승진과 추가인력의 배치다. 리더의 입장에서 급여 다음으로 중요한 게 팀원들의 승진과 추가 인력을 배정받는 것이다. 물론 SI PM인 경우에 큰 해당사항은 없지만 PO일 경우에는 이야기가 다르다. 아무래도 충분한 리소스가 있으면 그만큼 개발 성과가 빨리 나올 수 있고, 팀의 규모가 커진다는 것은 PO의 입장에서 팀의 위상이 커지는 것이기 때문이다.

정리하면 사전에 오너와 목표와 성과에 대한 정의 그리고 그 결과 급여 또는 인센티브의 범위 그리고 승진과 추가인력 배치에 대한 사전 협의를 반드시 거치고 팀원들과 공유가 되어야 한다.

—— 내일부터 PM이 ——
되어야 한다

목표 설정과 평가

KPI는 Key Performance Indicator를 말하는 것으로 '핵심성과지표'와 CSF, CSF는 Critical Success Factor로 핵심 성공 요인 등등 그리고 전사 전략과 팀 전략 등 샛길로 빠지는 느낌이라 여기서는 팀 관점에서 어떤 성과목표를 잡고 어떻게 평가하는지만 기술하고자 한다.

성과목표와 성과지표는 팀원 평가의 핵심으로 대략 1년에 2번 평가를 하게 된다. 보통 여러 평가 요인이 있지만 여기서는 간략하게 핵심 개념만 잡고 가면 다음과 같다. 팀원 평가는 공정해야 하지만 공평할 필요는 없다.

팀 평가는 우선 정량적 평가와 정성적 평가기준으로 나누어야 하고, 팀장 평가만 반영할지 아니면 팀장 위의 임원 평가를 적용할지 아니면 수평 평가를 할지, 하향 평가를 할지 수많은 방법론 중에 팀원 모두가 합의하는 평가방법을 적용하여야 한다.

그리고 평가방법에 있어서 정성적 요인을 최소한으로 배제하고 모두 공감하고 합의하는 정량적 지표를 발굴하는 작업을 가장 먼저 해야 한다.

두 번째로 잘하는 팀원에게 혜택이, 못하는 팀원에게 불이익이 돌아가야 하고 모두가 이 부분에 대한 합의가 있어야 한다. 그리고 모두 공평하게 혜택을 나누자고 팀원 간에 합의가 되어도 그렇게 합의를 하면 안 된다. 자칫 일 잘하는 팀원을 놓치게 되는 빌미를 제공할 수 있다.

세 번째, 명확하게 소통하여야 한다. 그냥 평가와 인센티브와 관련하여 단순하게 열심히 하면 연말에 인센티브 많이 줄게 이런 식으로 불명확하게 소통하면 안 된다. 절대로 기대하거나 추측하게 해서도 안 된다.

한 장, 누구는 단순하게 십만 원에 만족할지 모르겠지만 누군가는 천만 원을 생각할 수도 있다.

네 번째, 평가결과는 팀원과 공유해도 아무 문제가 없어야 한다.

평가결과는 어렵지만 매달 하는 걸 권장하고 그 평가결과를 팀원들과 공유 또는 개인평가결과를 피드백 줄 수 있으면 더욱 좋다. 그래야 팀원들이 개선하고 더 노력할 수 있는 계기를 마련해 줄 수 있고, 반기 또는 연말에 전체 결과를 공개했을 때 문제의 소지가 거의 없어지게 된다. 단 우리 조직의 특성이 SI처럼 협업을 하는 조직인지 아니면

PO, 서비스 기업처럼 1명의 슈퍼개발자가 몇 사람의 몫을 하는 조직인지 판단을 내려야 한다. 만약 서비스조직이라면 절대 평가결과가 공유되어서도 연봉이 공개되어서도 안 된다.

다섯 번째, 팀원에 대한 평가결과는 정말 신중하게 잘 기입해 주어야 한다. 왜냐하면 그 평가결과는 팀원이 회사에 재직하는 내내 상급자에게 공개가 되는 정보이고 자칫 잘못하면 주홍글씨가 되어서 회사생활 내내 따라다니게 된다. 주니어 때 미숙했던 업무내용을 평가에 기입하면 시니어가 되어서도 그 결과가 계속 따라다니게 되는 것이다.

끝으로 저평가자에게는 기회를 주어야 한다.

저평가자에게 다른 업무를 배정해 주거나 아니면 전직의 기회를 주는 것도 고려가 되어야 한다. 일이란 게 이 팀에서 업무를 못하는 사람이 다른 업무에서 훌륭한 업무성과를 내는 경우가 많다. 우선적으로 평가결과에 따라 팀원의 적재적소를 다시 고민하고 한 번 더 기회를 주는 프로세스가 마련되어야 한다.

끝으로 평가에 대한 결과 인센티브를 많이 만드는 것도 고려해야 한다. 누구는 급여의 상승을 누구는 인센티브를 누군가는 승진을 목표로 한다. 팀원마다 원하는 목표가 다 다를 것이고 처음 KPI를 설정할 때 이런 사정들이 고려가 되면 평가결과에 대한 이의제기가 줄어들 것이다.

리더로서 가장 고역인 게 평가다. 열 손가락 깨물어서 안 아픈 손가락이 없고, 개인적인 상황과 사정들이 눈앞에 어른거린다. 그 모든 걸 감내하고 최대한 아니 절대적으로 공정하게 평가하여야 한다. 그리고 평가의 목적은 보상이 아니라 팀원의 능력향상이란 것을 잊으면 안 된다.

—— 내일부터 PM이 ——
되어야 한다

프로젝트 조직문화

조직문화란 것은 정의가 어렵고, 고정적이지 않아서 한마디로 규정하기가 쉽지 않다.

특히 SI나 ITO 같은 사업 구분으로도 그렇고 SI와 같은 단기 개발프로젝트만 하더라도 조직문화를 규정하기가 역시 어려운 것 같다. 한마디로 정리하면 조직문화는 그 팀의 성장단계와 미션에 따라 달라질 수밖에 없다.

조직문화를 크게 세 가지로 분류하면, '다양성이 중요한 미션 중심의 조직', '균일성이 중요한 기능 중심의 조직', 그리고 이 두 조직이 융합된 '하이브리드 조직'으로 구분될 수 있다.

조직문화의 핵심은 직원이 성과를 창출할 수 있게 집중할 수 있는 환경을 만들어주고, 목표 달성을 위한 최적의 커뮤니케이션 구조를 갖추어주고 끝으로 업무에 대한 권한을 보장을 해줄 수 있는 무형적인 가치와 구성원 간의 합의라고 정의할 수 있을 것 같다. 그리고 리더십으로 그 모든 것을 관리하고 최종적으로 스스로 일하는 환경과 일을 할 수 있는 상호 간의 동기부여가 가능한 무형의 체계를 갖추는 것을 가장 이상적인 조직문화라고 할 수 있을 것 같다.

조직관리의 핵심은 성과가 날 수 있는 조직문화와 그 구성요소들을 세팅하는 것이다.

그러면 프로젝트 관점에서 SI PM이나 서비스 PO의 입장에서 아마도 '미션 중심의 조직'과 '하이브리드 조직'이 적절하게 혼재된 조직구성을 갖추고 프로젝트를 수행할 것이다. SI 입장에서는 딱히 조직문화라고 할 수 있는 것 자체가 없을 것 같지만 서비스 PO 같은 경우에는 서비스 성격에 맞는 조직문화의 세팅이 필요할 것이다.

리더십의 가장 큰 발현도구가 조직문화다.

과거에는 통일되고 규율적인, 즉 군대와 같은 조직문화가 있다라고 하면 요즘은 그렇게 하면 팀원 모두 바로 퇴사할 것이고 개인과 팀의 성과창출에 특화된 조직문화를 마이크로하게 갖추어 나가야 할 것이다. 이 부분은 아마도 적재적소와 일맥상통할 것이고, 팀원 개개인의 역량분석을 통하여 지시를 할지, 코칭을 할지, 위임을 할지, 지지를 할지를 결정해야 하고 어디까지 위임을 하고 어떠한 권한을 줄지를 조직이 처해 있는 상황과 개인의 역량을 매핑해서 조직문화와 리더십을 구체화시키는 디테일한 전략이 필요할 것이다.

솔직히 어려운 분야다.

개인적으로 가장 좋은 방법은 인간적으로 가까워지고 서로가 서로 간에 친밀해지는 것이다. 이 모든 것은 시간이 해결해 주고 알아서 자생적으로 생기는 경우가 많고 리더의 역할은 팀원 간에 인간적인 관계와 트러블에 대한 해결과 조율에만 집중해도 조직문화는 자생적으로 발현되고 견고하게 된다.

업무는 프로세스로 관리되고 팀의 운영은 사실 조직문화로 유지된다. 그리고 프로세스와 조직문화 사이에는 균형점이 있어야 한다. 조직문화가 강할 경우 자칫 사조직으로 오해받을 수도 있다. 그리고 프로세스 중심으로 운영되면 팀워크가 없는 조직으로, 서로 개인의 성향과 개성이 강조되면 모래알 조직으로 상호 간에 존중이 없으면 콩가루 조직으로 보일 수도 있다.

이해충돌 관리

팀을 운영하다 보면 트러블은 필연적이다. 트러블은 순기능과 역기능이 있다. 순기능은 서로 간에 생기는 트러블을 해결해 가면서 좀 더 단단한 팀워크를 갖춘 조직으로 발전할 수 있다는 점이다. 그러나 그 트러블을 적당한 시기에 해결하지 못하면 그 트러블로 인하여 팀이 해체되는 경우도 발생되고, 프로젝트의 경우 인원의 결원으로 납기와 품질에 큰 영향을 끼칠 수도 있다.

리더의 입장에서 팀원 간의 트러블 또는 리더와 팀원의 트러블에는 적극적으로 개입을 하여야 한다. 이러한 트러블은 필수적으로 관리가 되어야 한다.

그러나 리더가 관리할 수 없는 트러블이 있다. 이 트러블은 팀원과 팀원의 트러블이 아니라 프로세스 또는 조직문화와 리더와의 트러블이다.

이 편에서는 리더와 프로세스와 관련된 트러블과 해결방안에 대하여 다뤄보고자 한다.

리더와 조직문화 또는 프로세스와 관련된 트러블은 항상 존재하고 리더는 힘든 외부고객만 상대하는 게 아니라 프로젝트에 대한 이해도가 극히 낮은 수많은 내부조직원과도 많은 소통을 해야 한다. 이들은 리더가 쓰는 용어에 대한 개념도 없을 것이고, 이 업에는 상식으로 통하는 모든 것에 대한 설명을 요구할 것이다. 특히 재무 파트 그리고 C-Level들과 트러블은 필연적이고 대표이사와의 소통 부재는 프로젝트 입장에선 치명적이다.

SI를 주업으로 하는 대기업이나 중견기업에서는 사실 이러한 트러블이 생길 요소가 극히 적다. 왜냐하면 조직문화가 프로젝트 수행에 최적화되어있고, 재무회계, 관리 그리고 지원조직도 프로젝트에 최적화된 문화를 갖추고 있어서 현장에서 일어나는 많은 일들에 대하여 큰 무리 없이 지원과 관리를 받을 수 있다. 그러나 이제 막 공공사업, 즉 SI나 ITO에 뛰어든 기업이라면 어찌 보면 리더가 하나하나 길을 만들어가면서 프로젝트를 해야 하는 어려움에 봉착할 가능성이 매우 높다.

하나하나 정리해 보면 우선 리더의 입장에서 C-Level의 전폭적인 신뢰하에서 프로젝트를 수행하기 쉽지 않다. 그리고 임원들과는 리소스와 권한에 대한 문제, 자금 쪽과 원활한 자금집행의 어려움이 있을 것이다. 영업과는 R&R의 정의에 문제가 있을 것이다. 내부에서 온, 즉 외부프로젝트 경험이 없는 개발자 팀원과는 소통에 대한 문제가 있을 것이다. 프로젝트를 수행하는 리더의 입장에선 최악의 상황에서 프로젝트를 수행하여야 한다. 그러나 이러한 상황은 꽤 자주 여러 회사와 다양한 조직에서 항상 존재하는 문제이다.

우선 밑에서부터 하나하나 해결해 나가 보자.

대외 프로젝트 또는 이런 팀플레이 자체가 생소한 개발자들과는 가장 먼저 용어사전부터 정리해야 한다. 그리고 개발자들 모두와 합의를 거쳐 개발툴, 표준 프레임워크, 배치 방법, 테스트 방법, 개발환경 세팅 등등 개발과 관련된 제반사항과 방법론 그리고 각종 프로세스에 대하여 모두 동의하는 합의 과정을 거쳐야 한다. 예전 프로젝트에서 개발경험이 없는 개발자와 일을 했는데 내 역할은 PMO였는데 그 개발자는 PMO를 PM으로 인식을 하고 있었다. 용어사전을 만들어서 배포하고 이슈가 있을 때마다 업데이트해서 관리하면 된다.

이때에는 관리를 위하여 별도의 업무를 늘리면 안 된다. 산출물도 최소화시켜야 된다. 처음부터 타이트하게 또는 깊게 모든 것을 정의하면 오히려 이러한 요건들이 진도 나가는 데 발목을 잡게 된다.

이러한 요건들은 업무를 하면서 수시로 이슈가 생길 때마다 바로잡아 나아가면 된다. 그러나 자주 체크를 해야 한다,

다음은 임원 또는 대표이사와의 관계이다. 프로젝트의 어느 단계에서 PM 또는 PO가 관여했느냐에 따라서 트러블 요소들이 차이가 있다. 만약 임원 및 대표이사가 발굴한 사업으로 수주가 된 프로젝트라

면 PM이나 PO가 그 이후 시점에 투입이 된다고 하면 사실 임원과 대표이사와는 프로젝트와 관련하여 조직문화 관점에서는 큰 문제가 없을 것이다. 왜냐하면 모든 책임을 대표나 임원이 지기 때문에, 다만 고객이 PM이나 PO를 배제하고 바로 임원이나 대표이사에게 민원을 제기할 경우에는 이야기가 달라진다. 여기에서 고객만족도와 관련된 트러블이 발생한다. PM의 입장에서는 납기와 손익과 품질 모두를 지켜야 하지만 임원이나 대표이사의 경우에는 고객만족도에 가장 높은 배점을 둘 수밖에 없다. PM의 입장에선 납기와 손익을 지키기 위하여 고객과 수많은 밀당과 수 싸움을 하여야 하는데, 경험이 풍부한 고객은 PM을 배제하고 바로 대표이사에게 전화해서 해결하려고 하는 꼼수를 쓰기도 한다. 사실 대표 입장에선 고객의 이런 전화를 무시하기가 쉽지 않다. PM이나 PO의 입장에선 참 난감한 경우이다. 고객과의 신뢰도 잃을 수 있고, 임원이나 대표에게 문제가 있는 프로젝트란 인식을 심어주고 최악의 경우 무능한 PM으로 찍히기도 한다. 경험상 이러한 문제가 가장 빈번히 이루어진다. 그러나 이러한 문제를 해결하기는 의외로 수월하다. 우선 정기적으로 본사에 회의를 하여야 하고, 회의를 통해서 프로젝트의 다양한 이슈 및 리스크가 경영진에 보고를 통한 인식과 해결방안에 대한 공감대가 이루어져야 한다. 사실 프로젝트를 하다 보면 고객이 어떻게 움직일지 대부분 예측이 된다, 그 예측이 가능한 상황을 정기적으로 경영진과 정보공유가 되고 필요하면 솔루션까지 제공할 수 있는 수준까지 보고를 통하여 경영진이 사전에 대응할 수 있는 준비를 갖추어놓아야 한다.

두 번째로 리소스 문제이다. 프로젝트를 진행하다 보면 추가적인 인적 비용적 리소스가 투입될 수 있다. 프로젝트 수행 전 VRB를 통하여 사전에 소요되는 예산에 대하여 보고와 확인을 거친 이후 손익에 대한 마진율 분석을 통하여 경영진의 프로젝트 참여 여부를 의사결정 받는 절차가 있지만, 프로젝트를 수행하다 보면 예측하지 못한 수많은 비용 지출 요건들이 생긴다. 작은 것은 커피값, 인쇄비부터 크게는 추가 인건비까지 아무리 경험이 많은 PM도 이 부분은 피해가기가 쉽지 않다, 이 부분을 해결하기 위하여서는 완충비용을 만들어놓는 것이다. 예를 들어 회사의 목표 마진이 10%라고 하면 완충경비를 3~5% 정도 책정을 하고, 직접경비나 외주 용역비에서 충분한 여분의 리소스를 배치해 놓는 것이다. 여기에서 핵심은 이런 자금집행을 변경할 수 있는 변경 프로세스가 있어야 하고, 경영진은 이러한 변경요건에 대하여 열린 마음을 가지고 있어야 한다, PM의 입장에선 이런 비용을 음성적으로 관리할 가능성도 있다. 그래서 조직적인 차원에서 이런 필수비용들을 양성화시켜야 한다. 그리고 상호 간의 합의가 된다면 프로젝트 종료 시 정산을 통하여 남은 완충비용의 일부를 성과급 또는 인센티브로 프로젝트 팀원들에게 주는 방법도 함께 고려가 된다면 더욱 좋다.

경영관리에서는 긴급하게 올라오는 PM의 요청에 대응할 수 있는 프로세스가 있을 수 있다는 것에 대한 사전인식이 있어야 한다. 예를 들어 정상적인 프로세스라면 5일이 걸리는 프로세스를 긴급하게 하루나 이틀 사이에 집행을 해야 하는 경우가 종종 발생한다, 물론 이런 프로세스는 대표이사나 임원의 승인이 있어야 한다는 전제를 두고 긴급하게 업무처리가 가능해야 한다.

끝으로 회사나 경영진에서는 프로젝트를 모니터링할 수 있는 방법을 최대 세 가지 정도는 가지고 있어야 한다. 첫째가 PM이나 PL의 보고체계이고 두 번째가 영업을 또는 고객과 친밀한 임원을 통한 정기적인 프로젝트에 대한 고객의 목소리(VOC, Voice Of customer) 청취이고 끝으로 프로젝트 자체를 관리하기 위한 PMO 제도이다. 프로젝트는 PM이 수행하는 게 아니라 회사가 수행하는 것이다. 프로젝트가 망가져서 팀이 깨지고 PM은 퇴사하면 되지만 그 데미지는 최종적으로 회사가 입는다는 것임을 명심해야 한다. 최악의 경우 부정당이나 지체산금을 물게 되면 회사는 더 이상 외부프로젝트를 할 수 없게 된다.

프로젝트의 트러블 요소는 정말 많고 다양하다. 그러나 핵심은 그 트러블에 대한 상호 간의 공감대 형성과 이해가 전제되어야 한다는 것이다. 프로젝트에 가장 중요한 것은 결국 소통이다.

JEO
M

생텍쥐페리
—
"모든 어른들이 한때는 어린아이였다. 하지만 그걸 기억하는 어른은 많지 않다."

PRO
CT
ANA
GER

VIII.

심화

기능점수 산정의
중요성

프로젝트 성공을 위하여서는 납기와 손익과 품질을 지켜야 한다. 이 중 기업 입장에서 가장 중요한 것이 손익일 것이다. 고객의 RFP를 확인하고 제안서를 작성하는 동시에 고객이 제시한 구축비용을 놓고 내부에서 원가분석을 할 것이다. 장비나 SW는 견적을 통해서 확인할 수 있지만 개발이나 구현일 경우 기능점수(FP : Function Point)를 산정해 봐야 한다.

기능점수는 RFP에 있는 각종 요건들을 실제 기능과 기능의 역할에 대한 점수를 산정해서 그 점수를 비용으로 산정하는 방식이다. 한국소프트웨어산업협회(KOSA) 홈페이지 중 사업지원 메뉴에 보면 SW사업 대가에 대한 상세한 설명과 함께 가이드라인과 교육콘텐츠가 게시되어 있으니 이 부분을 꼭 확인해 보기 바란다.

기능점수 산정을 통하여 고객이 제시한 구축비용 안에 개발비가 들어가면 사업에 참여를 하는 것이고, 그렇지 못하면 내부적으로 본 사업에 참여를 할지 말지를 결정해야 한다.

회사에 기능점수 산정을 잘하는 사람이 있다면 문제가 안 되겠지만 처음부터 기능점수를 산정하기는 정말 쉽지 않다. 그리고 기능점수는 개발자가 산정하는것보다 기획자나 아키텍트(설계자)가 산정하는 게 더 적합하다.

기능점수 산정을 학습하는 방법 중 가장 효과적인 방법은 다음과 같다.

첫째, 나라장터에서 적당한 RFP를 다운받아서 그 금액을 지우고 기능점수를 산정한 이후에 금액을 확인하는 방식이다. 이런 방식으로 지속적으로 학습을 하다 보면 어느 순간 +-20% 안에서 금액 산정이 되면 된다.

두 번째, 자체적으로 산정금액을 기능모듈별로 정리한다. 예를 들어 홈페이지사업이면 관련 회원모듈은 외부연계이고 비용은 얼마, 게시판 모듈은 내부입력이고 비용은 얼마식으로 정리해 두면 나중에 기능점수를 빨리 정확하게 산정할 수 있게 된다.

세 번째, 회사 자체적으로 기능점수 산정 가이드라인을 만든다. 회사의 주력제품 또는 서비스에 따라 기능점수 가이드를 만들고 수시로 업데이트해서 관리한다. 이 가이드라인을 검증하기 위하여 외주업체를 섭외하여 개발견적을 3군데 정도 받아보면서 검증 및 보정을 해나가면 된다.

프로젝트를 하는 기업의 입장에서 정확한 기능점수 산정은 손익계산의 필수적인 부분이다. 임원이나 대표입장에서 조직에서 1~2명 정도는 기능점수 전문가를 양성할 필요가 있다.

내일부터 PM이
되어야 한다

감리대응

소규모의 프로젝트는 감리대상이 아니지만 어느 정도 규모가 있는 프로젝트의 경우에는 감리를 받게 된다. 감리는 프로젝트의 규모와 성격에 따라 2번 내지 3번을 받게 된다. 우선 처음은 분석−설계단계에서 제대로 설계 산출물이 도출이 되었는지 일정 및 범위는 합리적으로 구성이 되었는지 등을 보게 된다. 중간단계에서는 요구사항이 잘 정리가 되었는지, 변경을 위한 요구사항추적은 잘되었는지 등 주로 변경요건을 중심으로 살펴보고, 마지막 감리는 전체적으로 테스트관점에서 시나리오는 적정한지, 초기 도출된 요건과 변경된 요건이 잘 구현이 되었는지 등을 중점적으로 보게 된다.

감리는 프로젝트의 품질 중 외적인 부분 디자인의 우수성, UX의 편의성 비즈니스 로직의 합리성 등을 보는 게 아니라 프로젝트의 내적

요인인 산출물을 중심으로 분석–설계–구현–테스트–이관 프로세스에 맞추어 잘 구축이 되었는지를 중점적으로 보게 되고, 그 결과를 고객에게 보고하고 PM 입장에서 반드시 개선을 해야 한다.

프로젝트 입장에서 감리의 리스크는 다음과 같다.

첫째, 프로젝트를 하기 위한 다소 불필요하게 느낄 수 있는 많은 산출물을 만들어야 한다.

둘째, 1번 감리를 받게 되면 PM과 해당 PL들은 1주일 동안 감리대응을 해야 하고 3번 받으면 총 3주 정도의 업무시간이 손실되게 된다.

셋째, 일반적으로 공공정보화사업은 12월 중순에 검수를 받는다. 보통 12월 중순 검수면 12월 초에 프로젝트를 마무리해야 하고 프로젝트 마무리를 위해선 감리보고서가 제출되어야 한다. 적어도 종료감리를 11월 초에는 받아야 정상적인 검수 프로세스를 밟을 수 있다.

감리를 위하여 WBS를 계획할 때 감리일정과 감리보완 일정을 일정계획 안에 반영해서 관리해야 한다. 특히 준공시기 감리일정을 체크하는 것은 정말 중요하다. 자칫 일정조율이 안 되면 검수신청을 못 하게 되는 경우도 생긴다.

감리는 개발프로젝트에서 또 하나의 프로젝트로 인식하고 별도의 담당자, 즉 예를 들면 사업관리가 적합하다. 처음부터 사업관리는 감리를 담당하고 산출물과 각종 회의록 등을 챙기게 하고 감리대응에 대한 교육을 시켜서 철저하게 감리대응을 할 수 있게 하는 것도 프로젝트 입장에선 큰 도움이 된다. 적절한 감리대응을 못 할 경우 프로젝트는 초기부터 문제 프로젝트로 낙인 찍혀서 불필요한 관리를 받게 되는 경우가 생긴다. 닭이 먼저냐 달걀이 먼저냐일 수도 있는데 감리는 법적으로 필수불가결하다. 감리를 받게 되면 우선적으로 잘 받아야 하고 잘 받으려면 처음부터 감리를 받는 프로젝트라면 철저하게 준비를 하여야 한다.

─── 내일부터 PM이 ───
되어야 한다

PMO 운용

    프로젝트를 1~2개 하는 기업이라면 필요가 없지만 그 이상의 프로젝트를 동시에 하는 조직이라면 PMO(Project Management Office)를 고려해 보는 것도 좋다. 공공기관의 입장에서 프로젝트가 중요하다고 판단을 하면 자체적으로 PMO 조직을 두는 경우도 있지만 여기에서는 기업의 사내에 PMO 조직을 두는 것에 대하여 이야기해 보겠다.

    프로젝트 수행을 위하여 정말 경험이 풍부한 PM과 개발PL이 회사에 넘쳐난다고 하면 굳이 PMO가 필요가 없겠지만 대부분 급조된 팀에 경험이 부족한 인력으로 프로젝트를 수행하는 경우가 대부분일 것이다. 이때 PMO의 역할은 전반적으로 팀 프로젝트 전체를 지원하면서 세밀한 곳까지 봐가면서 멘토의 역할을 해줄 수 있는 경험이 풍부한 고참급 인력을 배치해 주면 된다.

여기에서 중요한 점은 대내적인 관계와 대외적인 관계를 들 수 있는데 우선 대외적인 관계는 고객과 PM과 PMO와의 관계설정이다.

고객의 입장에서 PMO를 총괄 PM으로 인식하면 절대 안 된다. 그러면 PM이나 PMO의 입장에서 정말 난감한 문제들이 발생한다. 그리고 PMO가 프로젝트 전반에 걸쳐서 너무 강하게 리드해서도 안 된다. 그러면 팀원들과 PM 간에 리더십의 문제가 발생할 수 있다.

대내적인 관점은 프로젝트 수행 중 발생되는 여러 가지 문제점들을 미리 예측하고 관리할 수 있어야 한다. PM은 사실 나무는 잘 봐도 숲을 보기 쉽지 않다. PMO는 전체 숲을 보고 발견되는 이슈나 리스크를 조기에 경영층에 보고하고 해결할 수 있는 내부 프로세스가 마련되어져야 한다. 자칫 이러한 활동들이 충분한 소통 없이 이루어진다면 프로젝트 내부 상황에 대하여 회사 내부에 보고하는 감시자로 인식되면 PM이나 수행인력들은 내부문제를 감추려고만 할 것이고 그렇게 되면 적절한 PMO 역할을 수행할 수 없을 것이다.

PMO는 대외 SI사업을 처음 시작하는 조직에 있어서 정말 필요한 조직이나 그러나 효율적으로 운영하기가 정말 어렵다. 임원이나 대표의 입장에서 처음부터 PM과 많은 이야기를 나누어야 하고 정확한 업무분장에 대한 상호합의가 전제되어져야 한다.

PMO의 적임자는 아마도 프로젝트 PM 경험이 많은 어느 정도 연배가 있는 분이 적합할 수 있다. 마치 영화 인턴에 나온 로버트 드 니로 같은.

PROJECT MANAGER

—— 내일부터 PM이 ——
되어야 한다

신기술 사업을 위한
다양한 기회들

요즘 기술기반의 스타트업들이 많은 각광을 받고 있다. 높은 밸류의 투자도 받고 또 우수한 인재들이 기업에 합류해 서비스와 제품 개발에 집중하고 있다. 대표의 입장에선 하루빨리 좋은 제품과 서비스를 시장에 런칭하여 끊임없이 제품에 대한 피드백을 받고 그 결과를 제품에 반영하고 싶을 것이다. 여기서 공공정보화사업은 이러한 스타트업의 갈증을 채워줄 수 있는 좋은 기회를 제공할 수 있다.

우선 컨설팅사업에 참여이다. 공공전략컨설팅사업은 대부분 다음연도 사업발주를 위한 예산설계 성격의 사업이 대부분이다. 컨설팅사업 전반에 참여하는 게 아니라 스타트업이 가지고 있는 기술요건 부분에만 참여를 하면 된다. 컨설팅을 수행하는 컨설턴트 입장에서는 신기술이나 벤치마킹을 반드시 포함시켜야 하고 그래서 해당 분야의 많은 기술업체들이나 선진사례를 찾아볼 수밖에 없다. 이때 스타트업 입장에서 본인들이 가지고 있는 기술을 컨설팅에 반영하고 좀 더 나아가 발주사업의 RFP에 기술요건을 포함시킨다면 스타트업의 입장에선 또 공공정보화사업에 참여할 수 있는 새로운 사업기회가 열릴 수도 있다.

다음은 디지털서비스전문계약제도이다. 이 제도는 별도의 입찰과정 없이 고객과 협의만 된다면 구축 없이 완결된 서비스를 수의계약을 통하여 고객에게 바로 제공할 수 있는 제도이다.

만약 스타트업이 하고 있는 서비스가 국내 클라우드社를 활용하고 있다면 가장 먼저 고려해 볼 수 있는 사업모델이다.

마지막으로 정부과제사업에 참여이다. 매년 수많은 R&D과제들이 정부연구기관들의 홈페이지에 사업게시가 되고 사전에 기술 수요조사를 통하여 사업발굴들이 이루어진다. 스타트업의 입장에서 R&D 사업 참여를 통하여 안정적으로 개발 및 연구 인건비를 확보할 수 있는 좋은 기회이다.

이상 언급한 세 가지 기회는 기존 공공정보화사업과 달리 상주의 부담과 PM의 부담이 덜한 사업모델이다. 공공사업이라고 모두 힘들고 어렵다는 선입견을 가질 수 있지만 위의 세 가지 모델은 스타트업의 입장에서 큰 리스크 없이 공공에 진출할 수 있는 좋은 기회와 함께 새로운 부가가치를 창출할 수 있다.

—— 내일부터 PM이 ——
되어야 한다

프로젝트 수행에 참고

본 편은 실제 프로젝트를 수행하면서 겪었던 일들 중에서 조금 심화된 내용을 따로 추려서 정리한 내용들이다. 프로젝트의 성격이나 처한 상황에 따라 달라질 수 있는 내용들이라 참고용으로 보면 되고 초보 PM이라도 프로젝트 과정 중에서 봉착되는 문제점과 해결방안 등을 그때그때 정리해 두면 나중에 요긴하게 쓰임이 있을 것이다.

Topic : 기능점수(FP) 산정 Tip
1. 사용자가 어떠한 기능을 요구했는지 수요자 관점에서 측정한다.
2. 투입공수를 무시하고 논리적 관점에서 식별한다.
3. 해당 기능을 구현하는 데 얼마나 많은 시간을 투입하는지보다는 사용자에게 의미와 가치를 주는 기능을 기본으로 측정한다.
4. SW가 가지는 입력, 출력, 질의, 파일, 인터페이스의 개수로 SW의 규모

와 복잡도를 추정한다.

5. 기능점수 검증기관은 점수를 검증하지 기능을 검증할 수는 없다.

　　기능명의 형태와 기능의 유형(EI, EO, EQ)을 일치한다…. CRUD명에 맞추어 사용해라…. 관리, 입력, 수정, 삭제, 조회

6. 기능점수는 사용자 관점에서 UI를 가지고 있는 것이 주요한 의미를 둔다.

　　즉… 처리, 전송, 변환, 수신, 집계 등의 내부 프로세스인 듯한 이름은 사용하지 않고 대신 조회, 입력 등의 용어를 많이 사용

7. 기능요구사항과 비기능요구사항에서 기능요구사항을 대상으로 측정한다.

8. 측정단위는 단위프로세스 업무로 SW 기능을 가진 독립적인 업무프로세스이다.

9. 외부출력(EO)은 내부논리파일(ILF)과 동일해야 한다.

　　(EO=ILF), (ILF≠EQ)외부출력(EO)을 잘 챙긴다. 대부분 조회는 모두 EQ이고 수학적 계산결과를 조회하는 경우에만 EO를 사용한다.

　　EO는 반드시 통계와 같은 명칭을 사용하고 EO와 EQ의 판단이 안 서면 그냥 EQ로 간다.

10. 내부논리파일(ILF)과 외부연계파일(EIF)은 같이 가서는 안 된다.

　　(ILF≠EIF). 데이터 기능 중 내부논리파일(ILF)이 전체 기능 중 가장 높은 평균복잡도를 가진다(제일 비싸다). ILF의 경우 검증하기가 어렵다. 트랜잭션 기능은 개발 시 모두 구현하여야 하지만 데이터의 경우 논리적인 부분들이 많아 실제 테이블로 구현될 필요는 없다.

11. 보정계수는 웬만하면 낮게 설정하라.

　　일반적인 프로젝트에서 품질/특성 보정계수의 경우, 대부분 '1'이다.

　　성능은 실제 성능에 대한 요구가 없거나 성능측정을 위한 도구를 사용하지 않는다면 무조건 '0'이다. 그리고, 신뢰성과 다중사이트도 요구사항이 없다면, '0'으로 설정한다.

12. 모든 값은 웬만하면 1로 가라(권고사항).

완전한 트랜젝션을 구성하고 자기완결성을 가지고 있으며 측정대상 애플리케이션의 비즈니스를 일관된 상태로 유지한다.

> **Tip 1 기능에 초점이 맞추어진 화면메뉴** (단 메뉴 레벨은 고려하지 말 것)
> **Tip 2 기능점수=기능목록개수×4.7** (국내 공공부문 개발프로젝트 분석)

13. 사용자가 식별할 수 있고 사용자 관점에서 정의된 단위 소프트웨어 기능

기술적인 이유로 사용되는 사용자가 모르는 기능은 포함 않는다.

14. 애플리케이션이지만 구현이 불가능한 수작업 영역은 포함시키지 않는다.

15. 복잡도와 가중치는 자동으로 계산한다.

16. 설계변경률을 너무 높게 책정하지 마라.

프로젝트가 재개발일 경유 평균적인 설계변경률은 10~25% 수준 특히 데이터 기능변경률이 높으면 기존 테이블 레이아웃 변경 근거의 제시를 요구받을 수 있으니 주의. 트랜잭션의 설계변경률은 전체변경기능에 대하여 일괄적용 하라.

UI, BL, DL 중 어느 부분만 변경될지 결정하고 조금 변경(25%), 보통 변경(50%), 많이 변경(75%) 식으로 적용, 개발언어가 변경되면 코드변경률은 100%

최종개발비의 규모는 코드변경률과 시험변경률에 의하여 많이 좌우된다.

금액 조정 시 이 두 값을 사용하여 조정한다.

재개발비가 신규개발비보다 높게 나올 수 있다.

품질관리의 중요성

모든 프로젝트는 전적으로 PM의 주도하에 진행하지만 품질관리는 본사의 품질조직과 함께 진행하여야 한다. 그러나 본사에서 품질에 대한 이해와 조직 및 프로세스가 없을 경우에 품질관리는 제대로 이루어지기 힘들다.

품질관리는 프로젝트 수행 전에 본사의 내부적인 공감대와 함께 프로세스 그리고 산출물 등도 함께 갖추어져야 진정한 의미에서 품질관리가 이루어질 수 있다.

대부분 대기업 출신 PM들은 품질의 중요성에 대하여 인식을 하고 전사 품질조직의 관리 감독에 익숙하지만 중소기업에서 프로젝트를 수행하는 입장에서는 감리 정도의 수준에서 상당히 귀찮게 품질관리를 인식할 수 있다.

그러나 프로젝트 사업관리 프로세스 중 대부분은 프로젝트팀 중심의 활동에 초점을 두고 있지만 품질관리는 팀 활동뿐만 아니라 본사 품질조직의 역할과 범위는 서비스 또는 시스템개발에 지대한 영향을 미치는 프로젝트 사업관리의 중요한 요소 중 하나이다.

품질의 중요성은 PM의 개인적인 경력에서도 상당히 중요하다. 납기 및 손익은 그 기록이 남지 않지만 만약 품질이 낮은 시스템을 개발하였다면 그 시스템이 남아서 운영 및 유지보수 되는 동안에는 누군가에 의해서 계속 나쁜 의미로 회자될 것이다. 미국의 전쟁영웅 맥아더 장군의 명언 중에 "작전에 실패한 자는 용서할 수 있어도, 경계에 실패한 자는 용서할 수 없다"와 비교해서 납기와 손익에는 실패할 수 있고 그것이 경험이 되어서 점차

나아질 것이기 때문이다. 그러나 처음부터 품질을 등한시하는 PM은 결코 이 업종에서 살아남기 힘들 것이다.

"납기는 생명, 품질은 자존심"이란 문구를 많이 봐왔을 것이다.
정말 품질은 PM과 프로젝트 팀원들의 자존심이다.

과거에는 검수 시점에서 프로젝트의 품질이 드러나지 않고 운영이나 안정화 단계에서 드러나는 경우가 대다수였다면 최근 들어 정부의 표준과 법규로 준수되는 개인정보보호, 웹 접근성, 웹 취약점 등은 각종 모니터링 기법 및 검사를 통하여 그 레벨 및 준수도가 확연하게 고객에게 보고되며 프로젝트 검수에 큰 영향력을 행사한다. 대부분 이런 부분들은 테스트 이후 완료단계에서 검사되기 때문에 최근 웹 기반의 프로젝트나 대민서비스용 프로젝트에서 특히 품질에 신경을 써야 되는 가장 큰 이유 중 하나이기도 하다.

품질의 기준은 '고객의 눈높이'이고 품질의 목표는 '고객만족'이고
품질의 수준은 'PM의 자존심'이다.

품질의 3요소

1. 품질계획(Quality Planning)
2. 품질보증(Quality Assurance)
3. 품질통제(Quality Control)

품질관리의 정의

그러면 도대체 품질은 무엇이고 무엇을 관리해서 어떤 목표를 정하여서 달성하여야 하는 것인가?

소프트웨어 품질이란 "소프트웨어 제품의 능력으로 소프트웨어가 명시된 조건하에서 사용될 때 외부로 나타나거나 내재된 필요를 충족시킬 수 있는 능력(ISO/IEC 25000)"으로 정의됨 (출처 : 전자정부사업 품질관리 매뉴얼, 안행부, 한국정보화진흥원).

소프트웨어 품질관리란 이러한 능력을 가진 소프트웨어가 정보화사업을 통해서 납품되고, 사업을 수행하는 조직의 활동을 통해 그 역량이 일관되게 유지 · 개선될 수 있도록 정보화사업의 품질을 계획하고, 보증 및 통제하며, 품질시스템을 개선하는 활동으로 정의할 수 있음 (출처 : 위키피디아).

프로젝트 수행조직에서 프로젝트가 요구사항을 충족할 수 있도록 품질정책, 품질목표, 품질책임 사항을 결정하는 프로세스 및 활동들을 포함하며, 프로젝트 전체 기간에 적절히 수행된 지속적인 프로세스 개선활동과 더불어 정책 및 절차를 통해 품질관리를 수행함. 이를 위해 품질계획(QP) 수립, 품질보증(QA) 수행, 품질통제(QC) 수행의 세 가지 프로세스를 지속적으로 수행하며, 이 프로세스들은 서로 간에는 물론이고 나머지 프로젝트 영역의 프로세스들과도 상호작용을 함. 또한, 고객만족, 검사보다 예방 우선, 지속적 개선, 관리책임, 지속적인 개선을 강조하고 있으며, 프로젝트 관리영역 (통합관리, 범위, 일정, 원가, 인력, 의사소통, 리스크, 조달 등) 및 표준을 보완한다라고 명시되어 있음 (출처 : PMBOK 지침서 제4판).

품질관리 프로세스
우리가 익숙하게 들어온 개발방법론이나 각종 프로세스도 결국은 품질을 어떻게 잘 관리하느냐에 주안점을 두고 있으며 프로젝트 품질관리 기본 활동인 초기 품질계획(Quality Planning)을 통하여 프로젝트 전 단계에 걸쳐서 품질보증(Quality Assurance)과 품질통제(Quality Control)가 이루어진다. 각 사업별 규모 및 특성에 따라 그 적용범위와 단계별 수준 그리고 단위활동별 수준이 정해진다.

1. 품질의 중요성에 대한 인식과 공감대 형성.
2. 각 프로젝트 특성을 파악하여 기본 산출물을 가지고 프로젝트를 수행해라.
3. 전사의 품질조직은 고객보다 높은 눈높이에서 품질을 감독해라.
4. 최악의 경우 중요도에 따라 품질을 차등관리해라.
5. 프로세스는 규모와 프로젝트의 상황에 맞추어 유연성 있게 적용하라.
6. 교육하고 확인하고 모니터링하고 개선하고 교육하고 다시 확인해라.
7. 감리 및 PMO는 형식적으로 받지 말고 최선을 다해서 받고 권고사항이나 지적사항을 겸허히 받아들이고 시스템에 반영하여라.

Topic : PM 매뉴얼

1. **표준산출물을 가지고 프로젝트에 맞게 커스터마이징하고 변경 시 바로 반영해라.**
2. **프로젝트의 정확한 목표의식을 가져라.**
   (납기, 손익, 품질, 고객만족, 파생매출, 후속사업 매출)
3. **프로젝트의 규모에 맞게 실질적인 품질목표와 품질 실행방법을 찾아라.**
   품질의 기준은 '고객의 눈높이'이고 목표는 '고객만족'이고 수준은 'PM의 자존심'이다.
   PM에게 제일 중요한 것은 품질이다.
4. **팀원을 구성할 때 스킬보다는 인성과 성실도를 살펴라.**

문제가 있는 팀원은 반드시 다음 프로젝트에서 배제하라.

사람의 인성은 쉽게 변하지 않는다.

5. 제안서, RFP, 사업수행계획서는 모든 팀원들이 암기할 수 있도록 해라.

6. 분석, 설계 → 5~10% 실제는 최소한 30% 이상은 해라.

7. 분석 시 꼭 벤치마킹해라.

고객은 반드시 진화한다. 사이언인(만화 드래곤볼 속 등장인물)으로 만들지 말고, 사이언인일 때부터 시작할 수 있게하라. 팀원 시키지 말고 직접 해서 교육해라.

8. WBS에 꼭 의사결정 시간을 반영하고 모든 정보를 WBS 안에 넣어서 관리해라.

9. 고객의 파워 레벨을 분석 및 정리한 후 일의 우선순위를 결정해라.

10. PM은 무조건 책임진다.

팀원이 숨기지 못하게 하고 팀원의 잘못도 내 탓이다.

11. 고객은 PM을 스승으로 삼을지 머슴으로 삼을지를 가장 먼저 구분한다.

1주일 이내에 반드시 구분된다.

12. 야근시키지 마라. (그러나 PM은 문 열고 출근하고 문 닫고 퇴근해라.)

일정계획을 잡을 때 일과시간 안에 끝낼 수 있게 일정을 잡는다.

팀원들에게 월급 말고 다른 것을 줄 수 있도록 해라(동기부여).

13. PPT 문서를 믿지 마라.

고객의 이해도 25%, 개발자 50%, 분석이 끝나면 복잡한 비즈니스 로직이 있는 경우 설계를 문서로 하지 말고 기획자와 디자이너를 투입하여 HTML로 화면구성을 해라

14. PM에게 제일 중요한 업무는 상하 간의 의사소통이다.

절대 고객 앞에서 어려운 기술용어 및 IT용어를 사용하지 말고 팀원 간에도 사용 못 하게 해라. 모든 리스크 및 이슈는 모두와 공유해라.

15. 대부분 중요한 문제는 비기능 정의에서 발생한다.

    성능, 인프라, 보안 등 프로젝트 초기부터 적극 대응해라

16. 설계 시 향후 고객이 요구사항을 변경할 부분까지 고려하여 설계를 하고 개발을 한다.

    당장 필요 없는 기능도 구현해 봐라 검수 시 큰 상이 된다.

17. 이슈, 위험관리와 문제관리의 인식을 하고 명확하게 관리한다.

    1) 이슈 : 드러난 일 → 해결

    2) 위험 : 드러나지 않았으나 예상이 되는 일로 예방

18. 개발 시 문제는 문법오류가 아니라 개념적 오류다.

    개발자가 고민하면 프로세스 중심으로 해결방안을 모색한다.

19. 테스트 관련된 모든 업무는 다른 사람이 진행한다.

    반드시 단위테스트 종료 후 통합테스트를 진행한다.

20. 명령이 아닌 모두의 이해와 동의를 얻을 수 있는 합리적인 지시를 하여라.

21. 운영은 100-1(실수)=0이고 100+1(성과 및 홍보)=200이다.

    운영을 잘하는 것은 기본이고 고객이 믿고 칼퇴근할 수 있게 만들어라.

    무중단, 무장애는 기본이다. 항상 성과를 낼 수 있는 일을 찾고 홍보해라.

    컨설팅역량과 사업대가 정도는 PM이 만들 수 있어야 한다.

22. 고객에게 No는 없다…. Yes, but 그리고 마지막에 계산서를 제출하라.

23. 고객과의 회의에서는 PM 또는 믿을 수 있는 PL만 참가한다.

    고객과 팀원들과의 접점을 최소화한다.

24. 고객에게 프로세스에 대한 설명을 하고 사인의 중요성에 대하여 인식하게 하고 싸인 안 하면 녹취하고 촬영을 해라.

25. 프로젝트의 성공은 경험과 직관이 아니라 방법론이다.

26. 고객과는 사적인 관계설정을 지양한다. 항상 비즈니스관계임을 명심해라.

    문제가 생길 경우 아무리 친해도 대리 과장 레벨은 너에게 비수를 던질

것이다. 그러나 최종의사결정권자일 경우에는 사적 관계를 유지해라. 그들
은 문제가 생기면 너를 보호할 것이다.

Topic : PMI 프로세스			
No	프로세스 이름		내용
4	**통합관리**		
4.1	Develop Project Charter	프로젝트 차터 작성	PM의 지정 및 범위, 일정, 원가, 품질에 대한 간략 정의
4.2	Develop Preliminary Project Scope Statement	예비 범위기술서 작성	사업수행계획서
4.3	Develop Project Management Plan	프로젝트 계획 수립	
4.4	Direct and Control Project Work	프로젝트 계획 실행	보고(주간, 월간), 교육, 품질활동 등
4.5	Monitor and Control Project Work	프로젝트 모니터링 및 통제	범위, 일정, 원가, 품질의 계획대비 실적관리
4.6	Intergrated Change Control	통합변경통제	범위, 일정, 원가 등에 변경이 생겼을 때 정합성을 유지하는 활동… 의사결정(승인기각)
4.7	Close Project	프로젝트 종료	행정종료와 계약종료
5	**범위관리**		
5.1	Scope Planning	범위관리계획 수립	프로젝트를 어떻게 관리할까에 대한 절차와 방법을 정의
5.2	Scope Definition	범위 정의	고객의 요청사항, 서비스, 기능, 산출물, 품질 등을 정의, 고객의 검수기준
5.3	Create WBS	WBS작성 (What to do)	고객의 요구사항을 달성하기 위한 업무를 계층적으로 정의
5.4	Scope Verification	범위검증	고객이 작업결과를 수용하는지 여부를 검증하는 프로세스
5.5	Scope Control	범위통제	이해당사자들의 합의하에 일정과 원가의 변경

6	일정관리		
6.1	Activity Definition	액티비티 정의 (How to do)	Work Package(완료되어야 하는 모든 활동)의 정의
6.2	Activity Sequencing	액티비티 연관 관계 정의	프로젝트 전체 기간의 추정
6.3	Activity Resource Estimating	액티비티 자원 추정	WBS를 근거로 도출한 Activity를 수행하기 위해 어떤 자원을 얼마만큼 사용할지를 추정
6.4	Activity Duration Estimating	액티비티 기간 추정	개별 Activity의 작업기간을 추정하는 활동
6.5	Schedule Development	일정계획수립	Activity의 정의, 자원추정, 연관관계 정의, 기간추정을 반복 상세화하는 과정
6.6	Schedule Control	일정통제	일정이 계획대로 진행되는가를 모니터링하고 필요한 조치를 취한다.
7	원가관리		
7.1	Cost Estimating	원가추정	개별 Activity를 수행하기 위해 필요한 자원의 원가를 추정
7.2	Cost Budgeting	예산확정	개별 Activity의 원가를 합해서 프로젝트의 성과를 측정하기 위하여 책임자를 지정
7.3	Cost Control	원가통제	원가성과를 모니터링하여 프로젝트가 예산 내 완료될 수 있도록 통제하는 프로세스
8	품질관리		
8.1	Quality Planning	품질관리계획 수립	결과물이 달성하여야 할 기능이나 성능상의 목표… 교육과 심사계획수립
8.2	Perform Quality Assurance	품질보증활동 수행(심사)	대외적으로 검증된 표준프로세스를 해당 프로젝트에 적용하는 활동, 프로세스 심사와 분석
8.3	Perform Quality Control	품질통제활동 수행(검토)	프로젝트 품질표준에 적합한 프로젝트 결과물을 제공하기 위해 모니터링 및 시정조치 활동
9	인적자원관리		
9.1	Human Resource Planning	인적자원 계획 수립	프로젝트 수행에 필요한 인적자원의 책임과 역할을 정의하고 인력관리계획을 수립
9.2	Acquire Project Team	프로젝트 팀원 확보	프로젝트 수행에 필요한 인적자원을 확보
9.3	Develop Project Team	프로젝트팀 개발	프로젝트 성과를 향상시키기 위해 업무지식, 기술, 팀원의 역량을 향상

9.4	Activity Sequencing	액티비티 연관 관계 정의	개인과 프로젝트의 성과를 분석하여 적절한 피드백을 제공하고 필요한 경우 이슈나 갈등을 조정
10	**의사소통관리**		
10.1	Communication Planning	의사소통계획 수립	프로젝트 이해당사자들의 정보요구사항을 파악하여 이를 적시에 적합한 형태로 제공할 계획을 수립
10.2	Information Distribution	정보배포	이해당사자들이 필요로 하는 정보를 배포
10.3	Performance Reporting	성과보고	프로젝트 일정, 원가, 품질, 위험 등의 종합성과를 분석
10.4	Manage Stakeholders	이해당사자 관리	이해당사자들 사이에 발생하는 이슈를 조정하고 영향력을 행사
11	**위험관리**		
11.1	Risk Management Planning	위험관리계획 수립	프로젝트에서 수행할 위험관리 활동 계획을 수립
11.2	Risk Identification	위험식별	프로젝트 성과에 영향을 미치는 불확실한 요소를 식별하고 문서화
11.3	Qualitative Risk Analysis	정성적 위험분석	발생 가능성과 영향력의 관점에서 식별된 위험의 우선순위를 결정
11.4	Quantitative Risk Analysis	정량적 위험분석	전체 위험이 프로젝트 목표(일정, 원가)에 미치는 영향력을 계량적으로 분석
11.5	Risk Response Planning	위험대응계획 수립	위험은 최소화하고 기회는 최대화하기 위한 위험대응계획을 수립
11.6	Risk Monitoring and Control	위험모니터링 및 통제	위험대응계획수립의 이행 여부, 신규위험의 발생 여부를 모니터링하고 필요한 경우 시정조치를 수행
12	**조달관리**		
12.1	Plan Purchases and Acquisitions	구매획득 및 계획수립	외부에서 구매하거나 외부에서 획득할 것의 내용, 시기, 가격 등을 결정하는 프로세스
12.2	Plan Contracting	업체선정 계획 수립	공급자의 제안을 지원하기 위한 제안요청서를 작성하고 공급자 선정기준을 정의하는 프로세스
12.3	Request Seller Responses	제안서 제출요청	공급자로부터 제안서, 견적서를 확보하는 프로세스
12.4	Select Sellers	공급자 선정	제안서, 견적서에 기초하여 업무를 수행할 공급자를 평가하고 선정하는 프로세스

| 12.5 | Contract Administration | 계약관리 | 공급자 수요자 쌍방 간 계약사항 이행 여부에 대한 관리 프로세스 |
| 12.6 | Contract Closure | 계약종료 | 계약범위 완료에 대한 최종 검수 및 행정처리를 수행하는 프로세스 |

Topic : WBS 작성하기

산출물 중에서도 필수 산출물은 WBS다. 다음은 효과적으로 WBS를 작성하는 방법을 정리해 본다.

1. WBS는 구성원 모두가 참여해서 합의를 거쳐서 작업한다.
   – WBS는 원가와 정확하게 연동이 되어 있어야 한다.
   – WBS의 Task는 전체 프로젝트를 PM과 구성원들이 모여서 함께 전체 공정을 시뮬레이션하는 것이고 합의가 되면 반드시 지켜져야 하는 일정계획이다.
   – 특히 각 Part별로 선후관계가 명확하게 정의되고 합의되어져야 한다.
2. Task는 최소 주 단위로 작성을 한다.
3. 각 Task마다 산출물, 투입인력, 투입기간, 누계실적, 달성률, 공정률 그리고 배점과 실적이 나와야 한다.
   – 누계실적=금주실적+전주실적, 달성률=누계실적/누계계획, 공정률=실적/배점
   – 배점은 ① 균등하게 1/N을 기준으로 할지, ② 투입되는 리소스(인력+기간)를 기준으로 할지 ③ 고객과 합의된 업무중요도로 할지가 사전에 고객과 합의가 되어 있어야 한다.
   – 상기 배점을 기준으로 공정계획과 달성계획이 산출되어야 한다.
   – 각 Task별 배점을 기준으로 주 단위 목표실적이 정의되어 있어야 한다.

4. WBS의 변경은 무척 중요해서 함부로 변경하면 안 된다.

– 변경된 원인과 근거 그리고 어떻게 변경되었는지가 모두 표현이 되어야 한다. WBS에 표현이 어려우면 별도로 요구사항추적표에 표현이 되어야 한다.

Topic : 감리대응-사업관리영역

각 단계별 감리대응 기본사항이며 프로젝트의 성격과 규모에 따라 적용 범위와 산출물은 상이하다.

1) 사업관리영역 – 착수 · 계획단계

– 사업관리를 위한 계획을 구체적이고 실행 가능 수준으로 수립하였는지 여부 및 실행결과가 요구사항을 충족시킬 수 있는지 점검한다.

– 산출물 : 제안요청서, 제안서, 계약서(사업수행계획서), 범위비교표, 사업수행계획서, 일정계획서, 의사소통절차서, 변경관리계획서, 이슈관리계획서, 위험관리계획서

2) 사업관리영역 – 실행 · 통제단계

– 사업관리계획에 따라 적절히 실행 및 통제하고 있는지 점검한다.

– 산출물 : 변경관리대장, 진척보고서, 투입인력 교육 등 관리 문서, 주/월간 보고자료, 위험/쟁점 관리대장, 품질보증활동 결과서

3) 사업관리영역 – 종료단계

– 계획된 일정 내에 사용자의 요구사항을 만족하여 사업을 정상적으로 완료할 수 있는지 점검한다.

– 산출물 : 사업수행계획서, 사용자 요구사항추적표, 검수확인서

Topic : 감리대응–시스템개발

이번에는 시스템개발/품질보증활동/분석–설계단계

1) 시스템개발/품질보증활동영역–분석단계

　– 사업추진을 위한 방법론, 절차, 표준, 품질보증계획을 수립하고, 이에 따라 관련 산출물을 적정하게 작성하였는지 점검한다.

　– 산출물 : 제안요청서, 제안서, 계약서(사업수행계획서), 범위비교표, 사업수행계획서, 일정계획서, 의사소통절차서, 변경관리계획서, 이슈관리계획서, 위험관리계획서

2) 시스템개발/품질보증활동영역–설계단계

　– 기수립된 방법론, 절차, 표준, 품질보증계획에 의거하여 각 활동을 수행하고 있으며, 관련 산출물을 적정하게 작성하였는지 점검한다.

　– 산출물 : 적용방법론 및 사업 표준, 요구사항추적표, 품질보증활동 계획/결과서, 시스템 전환 전략서

3) 시스템개발/품질보증활동영역–구현단계

　– 기수립된 방법론, 절차, 표준, 품질보증계획에 의거하여 각 활동을 수행하고 있으며, 관련 산출물을 적정하게 작성하였는지 점검한다.

　– 산출물 : 적용방법론 및 사업 표준, 요구사항추적표, 품질보증활동 계획/결과서, 시스템 전환 전략서

4) 시스템개발/품질보증활동영역–시험단계

　– 기수립된 방법론, 절차, 표준, 품질보증계획에 의거하여 각 활동을 수행하고 있으며, 관련 산출물을 적정하게 작성하였는지 확인하고, 초기 사업의 목표 달성 여부, 교육계획 등의 적정성을 점검한다.

　– 산출물 : 적용방법론 및 사업 표준, 요구사항추적표, 품질보증활동 계획/결과서, 교육계획서, 교육교재

5) 시스템개발/품질보증활동영역-이관단계

 - 사업을 마감하고, 구축된 시스템을 운영환경으로 이관하기 위한 준비와 각종 절차 및 계획을 적정하게 수행하였는지 점검한다.

 - 산출물 : 적용방법론 및 사업 표준, 교육계획서, 교육교재, 교육결과서, 인수운영계획서

함께 보면 좋은 자료

제목 : 정보시스템 감리 발주 · 관리 가이드

제공 : 한국지능정보사회진흥원(NIA)

출처 : NIA 홈페이지 검색(정보시스템 감리자료실)

본문 중에서…

본 가이드는 행정기관 등에서 추진하는 정보시스템 감리용역을 효율적으로 발주하고 관리할 수 있도록 하기 위해 작성되었으며 이를 통해 발주자가 감리를 활용하여 정보화사업을 성공적으로 수행하도록 하기 위함이다.

이를 위해 감리용역의 기획단계부터 종료단계까지 각 단계별로 활동(Activity)을 정의하고 활동별 수행내용과 관련근거 및 서식, 결과물, 세부내용, 기준, 사례 등을 제공하여 효율적인 감리 발주 · 관리

가 가능하도록 하였다. 또한, 감리용역 수행과정에서 필요한 팁과 FAQ를 제공하여 실용적인 가이드가 되도록 하였다.

본 가이드를 통해 발주자는 감리시행 여부 판단, 감리대가산정, 제안요청서 작성, 제안서 평가, 계약체결, 감리시행 관리, 감리결과 조치, 감리용역 검사, 감리용역 결과 평가 등 모든 감리용역 관리활동을 효율적으로 수행할 수 있을 것으로 기대된다.

JEC
M

생텍쥐페리
–
"정해진 해결법 같은 것은 없다.
인생에 있는 것은 진행 중의 힘뿐이다. 그 힘을 만들어내야 하는 것이다.
그것만 있으면 해결법 따위는 저절로 알게 되는 것이다."

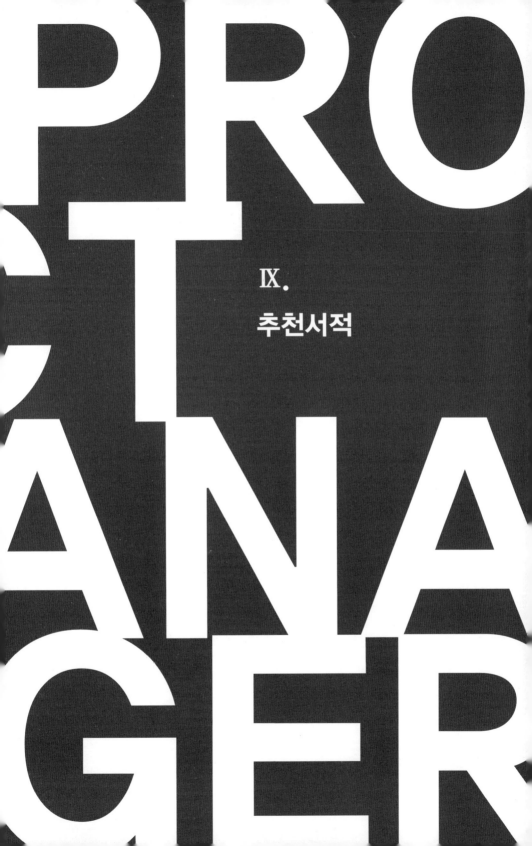

Ⅸ.

추천서적

— 내일부터 PM이 —
되어야 한다

사례별
추천서적

6년 전 처음 이 책을 쓰게 된 계기 중 하나가 프로젝트 관리와 관련하여 국내 프로젝트 환경에 적합한 책이 별로 없었다. 대부분 일본의 사례 위주의 번역서이고 PMI 중심의 수험서적이 대부분이었다. 그러나 지금은 훌륭한 인사이트를 준 책들이 많이 출간되었고 이 책을 쓰는 과정 중에도 다양한 전문서적들의 도움을 받았다. 이 장에서는 프로젝트를 하는 과정 중에 발생할 수 있는 다양한 문제들에 대하여 조금은 도움을 받을 수 있는 추천서를 정리했다.

더불어 인사이트는 인사이트로 끝나면 안 되고 조직에 내재화되고 프로세스 기반의 표준화를 거쳐 모두 공유할 수 있게 리소스화되어야 한다. 이번 장은 이 글을 읽는 초보 PM이나 SI를 책임지는 모든 이들에게 많은 도움이 되었으면 좋겠다.

PM. 더 도움이 되는 책들

《Head First PMP》, 한빛미디어

PMI 프로세스에 대한 전반적인 이해를 높일 수 있는 번역서로 글보다 이해를 도울 수 있는 다양한 다이어그램으로 구성, 실무적용보다는 PMP를 위한 참고서적

《통통통 프로젝트 관리》, 소동출판사

PMI 프로세스 관련 번역서가 아니라 저자가 직접 정리한 프로젝트 관리와 실전에 도움이 되는 내용을 정리한 책

《SI Project 전문가로 가는 길》, 영진닷컴

현장의 오랜 경험을 가진 저자분이 SI 중심으로 다양한 경험과 실무에 도움이 되는 내용으로 알차게 꾸민 책, 실제 프로젝트에 도움이 될 만한 내용이 가득하고 영업부터 제안 컨설팅까지 아울러서 SI 전 분야의 이해도를 높이기 좋은 책, 중고로라도 사보기를 강추

《마음을 움직이는 프로젝트 관리》, 한빛미디어

PMI 프로세스 책이 아닌 프로젝트 실전서적으로 각 단계별로 실무에 가장 도움이 많이 되는 책으로 프로젝트를 현장 중심의 시각을 바탕으로 정서적인 측면으로 조망하는 책으로 PM 경험이 어느 정도 있는 분에게 강력하게 추천

《프로젝트 관리자가 알아야할 97가지》, 지앤선

글로벌에서 다양한 경험과 인사이트를 보유한 97명의 PM들이 본인의 프로젝트 경험과 지식을 2P에 담은 책으로, PM이 어떤 문제에 봉착했을 때 본인의 사례와 유사한 내용을 찾게 되면 무척 도움이 되는 책

개발경험이 없는 PM이 보면 좋은 책

《201가지 소프트웨어 개발원칙》, 대영사

지금은 절판된 책으로, 개발경험이 없는 PM이 SW 개발에 어느 정도 감을 잡을 수 있는 가이드라인을 제시해 주는 책

《Blog 2 Book, 관련 시리즈》, 한빛미디어

개발자들에게 필요한 책이지만 개발을 모르는 PM이 보면서 어떤 요건들을 관리해야 하는지 감을 잡을 수 있는 책으로 시리즈가 많지만 우선적으로 《트러블 슈팅 이야기》, 《테스팅 이야기》, 《코딩 습관과 튜닝 이야기》 등의 책을 추천

《더 괜찮은 개발자 되기 위한 프로젝트 시리즈》, 프리렉

실제 프로젝트를 설정하고 개발하기, 완료하기, 운영하기 등 관련된 다양한 도식과 풍부한 산출물 예제로 개발을 모르는 PM이 전반적인 개발 프로세스를 이해하는 데 도움이 되는 책

컨설팅 및 ISP 맛보기

《알기쉬운 정보전략계획 ISP》, 미래와경영

책은 작고 가볍지만 실제 서점에 나와 있는 컨설팅 책 중에서 가장 공공 컨설팅에 최적화된 책, CD에 있는 산출물 Sample은 덤

프리젠테이션에 도움이 되는 책
《프리젠테이션의 신》, 쌤앤파커스
제목부터 거창하지만 내용은 정말 실제 PT에 도움이 되는 내용이 가득한 책으로 PT 경험이 적은 PM은 한번 읽어볼 만한 책, 공공정보화 사업에는 적합하지 않은 내용이 일부 있음

리더십에 도움이 되는 책
《인듀어런스, 어니스트 섀클턴의 위대한 실패》, 뜨인돌
개인적으로 최고의 리더십 관련 책, 1914년 27명의 대원과 남극탐험을 떠나면서 겪는 최고의 역경 극복기, 리더란 무엇인지 진지하게 생각하게 만드는 책. 결론은 1,280km 634일 동안 한 사람의 낙오도 없이 모두 생환하게 만드는 섀클턴 선장의 길고도 험난했던 고생기

《성과를 내는 팀에는 법칙이 있다》, 리더스북
성과를 내는 팀을 위한 일곱 가지 법칙. 팀을 빌딩하기 위한 상세한 법칙들과 체크리스트 제공을 통해 직접 실천해 볼 수 있는 전략을 제시, 일반적인 통념을 상세하고 자세하게 논리적으로 설명하는 책

《최고의 팀은 무엇이 다른가》, 웅진지식하우스
최고의 팀을 만들기 위한 다양한 사례, 우월하고 탁월한 사람들보다

평범한 사람들이 팀을 만들어서 이루어내는 성과창출을 위한 가이드북

《최고의 리더는 어떻게 변화를 이끄는가》, 다산북스
기존 세팅되어 있는 팀에 새롭게 리더로 합류할 때 읽어보면 좋은 책, 좋은 게 좋은 거다보다 팀을 만들고 변화시키기 위하여 강력한 리더십의 중요성을 강조한 책

《세계를 움직이는 리더는 어떻게 공감을 얻는가》, 비즈니스북스
위의 책과 달리 커뮤니케이션과 대중 스피치의 중요성을 강조하는 책, 팀의 세팅보다 사람의 마음을 움직이게 하는 방법 그리고 수평적 파트너와의 관계설정에 참고하면 좋을 책

조직문화에 도움이 되는 책
《구글은 어떻게 일하는가》, 김영사
폐쇄적이고 정체되어 있는 조직문화를 창의적이고 긍정적인 조직으로 변화시킬 수 있는 다양한 방법론에 관한 책, 7의 규칙, 직속 부하의 숫자를 최대한 7로 제한하라.

《포에버 데이 원》, 매일경제신문사
아마존의 핵심경영전략 중 팀을 구성하기 위한 인사이트 있는 내용, 신중하고, 몰입할 수 있는 환경 구성, 적합한 리더를 선택⋯ 설렘과 생동감 있는 조직문화를 만든 아마존의 핵심 사상⋯ 항상 창업 초반의 초심유지

《규칙 없음》, RHK

우리의 입장에서 다소 파격적인… 조직을 위한 규칙 없음 그 규칙이란 업무에 방해되는 모든 것, 업무에 집중할 수 있게 만든 넷플릭스의 조직문화, 함정은 능력 있는 자에게만 주어지는 특권

《Zero to ONE》, 한국경제신문

전체적인 책의 기조 내용에서 조금 벗어나 작은 팀의 중요성을 강조, 너무 작다 싶을 만큼 작게 시작하고, 그 혁신성을 유지해라. 그리고 우리라는 개념 안에서 신나게 일할 수 있는 팀원을 뽑아라.

《소프트엣지》, KOREA.COM

소프트한 경쟁력, 빠른 변화에 대응하기 위한 다양성을 갖춘 팀을 만들기 위한 리더의 역량

Epilogue

PM은
IT서비스의
종합예술인이다

프로젝트를 하면서 중간중간 여유가 생길 때마다 거의 6년을 집필
한 것 같다.

처음부터 책을 낼 욕심은 없었다.
프로젝트를 하면서 분명 프로젝트를 잘하는 방법이 있고, 내 입장
에서 프로젝트를 잘 마무리한 방법들을 적다 보니, 또 프로젝트 수
행 중 이슈나 리스크에 맞닥뜨리는 상황이 되어서야 글을 적을 수
있었다.

그리고 일을 하다 보면 차분히 글을 적을 수 있는 상황도 여의치
않았다. 중간에 개인적으로 이직도 몇 차례 있었고, 나름 힘든 일
도 많이 있었다.

그러다 코로나가 왔고, 간간이 재택근무를 하면서 시간이 좀 되어서 이때다 싶어서 PM 입문 편을 마무리 짓고 싶었다.

프로젝트를 잘하는 비법은 무엇이냐는 질문을 많이 받는다.
솔직히 나도 잘 모르겠다. 지금도 프로젝트를 하지만 뭐가 성공이고 뭐가 실패인지 물론 정량적으로는 답이 나오지만 정성적으로는 답이 나오지 않는다.
다만 프로젝트를 함께한 고객과 지금도 연락을 한다면 성공적으로 마친 프로젝트가 아닐까라는 생각은 가끔 한다.

또 하나 실패한 프로젝트이지만 배운 게 있다면 그것 또한 성공한 프로젝트가 아닐까?

마지막으로 프로젝트는 개인기가 아니다.
철저하게 팀워크이고 또 회사 또는 조직에서 많은 관심과 지원을 해주어야 한다. 그래야 그 팀이 오래가고 회사가 성장할 수 있다.

개인적인 바람은 이 책을 PM이 아닌 회사의 오너들이나 SI를 책임지고 있는 임원들이 많이 봐주었으면 하고, 프로젝트에 나가 있는 팀원들을 한 번이라도 더 애정 어린 시선으로 봐주었으면 한다.

2022. 03. 05. 정재헌

내일부터
Project Manager가
되어야 한다

초판 1쇄 발행 2022. 4. 19.

지은이 정재헌
펴낸이 김병호
펴낸곳 바른북스

편집진행 김수현
디자인 김민지

등록 2019년 4월 3일 제2019-000040호
주소 서울시 성동구 연무장5길 9-16, 301호 (성수동2가, 블루스톤타워)
대표전화 070-7857-9719 | **경영지원** 02-3409-9719 | **팩스** 070-7610-9820

•바른북스는 여러분의 다양한 아이디어와 원고 투고를 설레는 마음으로 기다리고 있습니다.

이메일 barunbooks21@naver.com | **원고투고** barunbooks21@naver.com
홈페이지 www.barunbooks.com | **공식 블로그** blog.naver.com/barunbooks7
공식 포스트 post.naver.com/barunbooks7 | **페이스북** facebook.com/barunbooks7

ⓒ 정재헌, 2022
ISBN 979-11-6545-703-7 03320